イメージ連想の文化誌

髑髏《どくろ》・男根・キリスト・ライオン

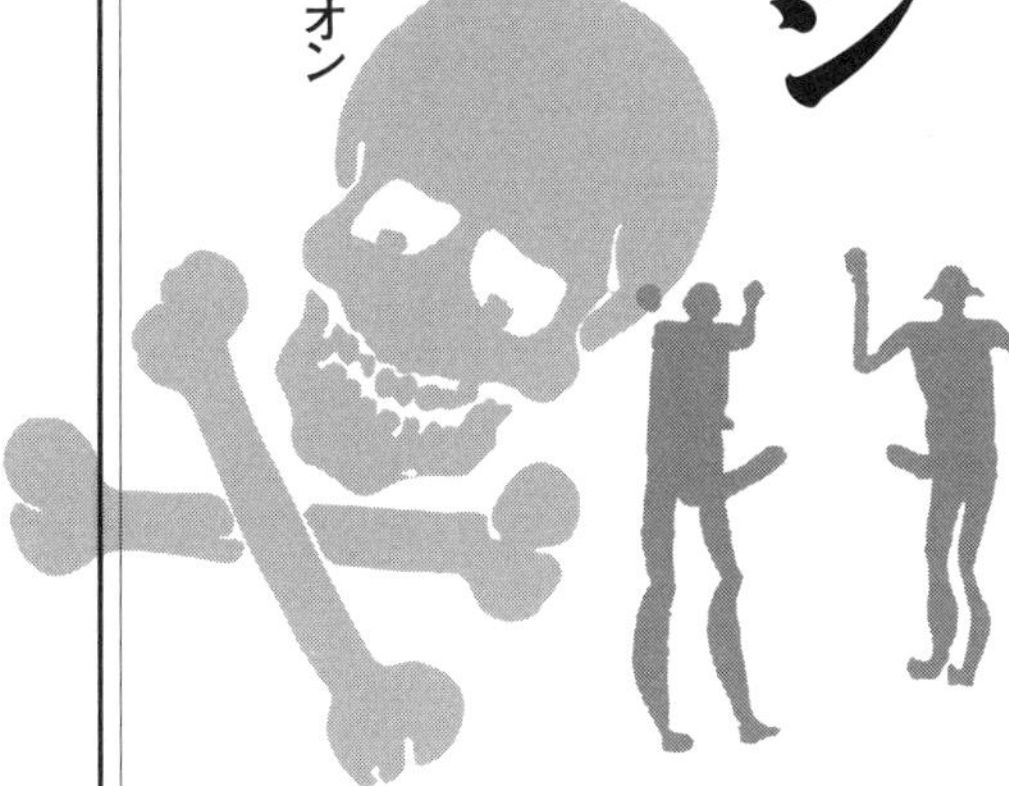

新曜社

山下主一郎
Kazuichiro Yamashita

はじめに

本書は、イメージ連想を手掛りに西欧文化のほんの一端を、それも垣間《かいま》見る程度に瞥見してゆこうとするものである。

イメージ連想とは、イメージを媒介にして、あるものからあるものを心の中の思いとして立ち現わすことであるけれども、こう簡単に言い切ってすますわけにはゆかないであろう。それは、イメージとは何か、と問われると、ほとんどの人は明快な即答を口にすることができない、ということからも明らかなことである。

事実、「イメージとは何か」を精緻に論考した書物は、ごく身近なところを見ても、何冊もある。そうした書物の筆者の専攻する学問分野は、心理学、文化人類学、精神人類学、美術史、哲学などなど多岐にわたっている。こうしたことからみても、「イメージとは何か」は、難問中の難問と言えよう。なかには、「イメージとは何か、その意味内容が分かったためしがない」と極言する研究者さえいる。

しかし、本書は、そうしたイメージについて正面から取り上げるものではない。趣旨が違うのである。

そのため、粗雑だという論難をあびるのを覚悟の上で、イメージ連想とは前述したようなものだとした上で、本書を進めてゆきたいと思う。

人間の心の中に、ある思いが立ち現われる過程は、まさに複雑極まるもので、例えば、一本のバラの花を見て、どのようなイメージを抱くかは、人それぞれだし、また、地域や社会にもよるし、時代にもよる。ものの本によると、バラの花のイメージは、母性原理、肉体的愛、春、若さ、精神的愛、美徳、知性美、完璧さ、太陽、はかなさ、死、復活、虚栄、勝利、と驚くほど多い。互いに矛盾しているイメージもある。これを見て、多くの人は、なぜ、という思いを抱かれるであろう。イメージ連想の複雑さというより、こうした連想をする人間の心の解きにくさといったことに思いがゆくのではなかろうか。

しかし、だからといって、イメージ連想を放棄することはできないであろう。

例えば——。

古代、人が死ぬと、その屍体は埋められることもあったかもしれないが、多くは、周辺に放置されたままであったであろう。陵墓などというものとは全く無縁であった。それが一般大衆の置かれた運命だったのである。多くの人は、人が死ぬと、その肉体が脹《は》れ、爛《ただ》れ、腐《くさ》る、という過程を経るのをいつも間近に見ていた。死は恐ろしいものという実感は痛切であったに違いない。避けることができるものなら避けたい。しかし、現実はそれを許さない。人はそこで絶望の淵に沈み込むしかなかったであろうか。そういう人もいたかもしれない。しかし、そうでない人もいたのである。なぜであろう。

人は自然環境のなかで生きる。そのため、日々、自然界の現象を目の辺《まあた》りにし、そのなかに「ことの不思議」を見ていたのである。

植物のなかには、春になると発芽し、そして成長して、やがて秋になると枯死するものが多い。ところが、いったん枯死したと見えたものが、春になるとまた発芽する。人はそうした「ことの不思議」を見て、いたく心を刺戟された。そして、その刺戟された心は、当然、打ち震え、ふくらんでゆく。枯死しても春になると発芽する。それを古代の人はイメージ連想によって、「死と再生」という願ってもない思いへとつなげていったのであった。

科学の発達した現今、こうしたイメージ連想を陳腐なものとして退けることは容易である。再生などといったことを真に受ける人は、おそらく、少数であろう。しかし、今日に生きる人にとって、こうした古代の人の心を、自分とは無縁のものと言い切れるであろうか。

五月のあくまでも澄み切った青空を見て、心がなんの反応も示さないとすると、その人の心は貧しい。深緑の野山に分け入って、体をその緑に染め、清々《すがすが》しい空気を吸ったとき、人の心はかすかなりとも日常＝俗から離れて、非日常＝聖の世界を体験するのではなかろうか。これこそがイメージ連想の世界なのである。

そういった意味では、人は、どんなに科学を発達させても、イメージ連想の世界とは縁が切れないのである。

人はイメージ連想によって心が洗われる。昇華されると言ってもいいであろう。再生などということは無視していい。しかし、これ以上の豊かさや便利さを追求することよりも、今日求められているのは、心の豊かさであろう。そうであれば、生におけるイメージ連想の重みというものは、言い尽くせるものではない。

本書で取り上げるイメージ連想の世界は、古くは今から三千年ほど前の人の世界のものもある。それが形あるものとして今日まで生き残っているのである。しかも、ごく身近なものとして。イメージは、意外としぶとく生き残るのである。人間の心性に深く根を下ろしたものは、容易には離れない。そして今でも、人の心を左右している。

本書で触れている西欧文化は、冒頭でも述べたように、ほんの一部分である。そのため、読者諸兄姉が本書に触発されて、もしさらなる西欧文化への探りを入れてくだされば、それは筆者の望外の喜びとなることは言うまでもない。

イメージ連想の文化誌――目次

装幀――加藤俊二

第一章　髑髏《どくろ》じるしは「陽気なペニス」?!
——男根のイメージ連想

海賊船の旗の由来とイメージ

今、世界中で地中に埋められている対人地雷の数は、一億個を超えているという。そして、今の処理方法で除去してゆくと、完全になくすのには百年かかるという。恐るべきことで、そうしたことに関心のうすい日本人（日本にも百万個ある）でさえ、考えただけでもおぞましい気持を覚える。そうした対人地雷が埋設されている地帯の映像が、メディアで報道されることがままある。そのとき、よく注意して見ていると、ときどき、頭蓋骨に二本の交叉した大腿骨の図柄の標識板が、その地に置かれているのを目にすることがある（図1）。ここは危険ですよ、足を踏み入れると死にますよ、という警告を人々に与えるためであることは、誰にでもすぐ分かる。

頭蓋骨に交叉した大腿骨。いかにも無気味な雰囲気を漂わせる図柄であるが、頭蓋骨が「死」を表わすことは、よく知られていることである。カンボジアでは、その内戦で、二百万人以上の人々が虐殺されたが、その場所とその虐殺を証明するために、数多くの山積みにされた頭蓋骨がメディアを通して報道されてきた。虐殺―死のイメージをずばり伝えるのに、頭蓋骨ほどふさわしいものはないであろう。暗く空ろに凹んだ眼窩と鼻孔、そして、剥き出しの歯（図2）。視覚に訴える効果は十分過ぎるほどで、見る人は思わず目を背けずにはいられない。

赤穂義士が吉良上野介を討ち取って泉岳寺まで列をなして進んだとき、吉良氏の頭を槍の先にぶら下げたことは、あまりにも有名である。頭を取る、それは殺すことを言う。そのため、頭蓋骨は死そのもののイメージをいちばんよく表わすものと言えよう。

しかし、もしそうであれば、危険を表わす標識板には頭蓋骨だけを描けばよいのではないか。誰しもが思う疑問である。交叉している二本の大腿骨は、余分なものと思える。

しかし、この標識板は、日本人でも、誰もが一度はどこかで見た覚えがあるはずで、そのためか、なんの不審の気持も持たずに見ることができる。

筆者のように大正の末に生まれた者は、少年時代、つまり昭和の初期に、絵本で少なくとも一度はこの図柄を見た覚えがあるはずである。

海賊船の絵。そのなかの海賊船の旗のしるし（図3）がこの頭蓋骨に交叉した大腿骨なのであった。黒地に白く染め抜かれたその旗じるし、髑髏じるしは、世にも恐ろしく、その上、船長をはじめとする海賊たちの凶暴な顔つきは、あまりにも恐怖の印象が強くて、いつまでも脳裏に焼きついて離れず、困った記憶がある。

アウシュヴィッツ収容所にも見られたが（図4）、戦後生まれの人であれば、この旗じるしは『ひょっこりひょうたん島』の海賊たちの場面で見たことがあるであろうし、また、最近の若い人であれば、松本零士の『宇宙海賊キャプテンハーロック』で見た覚えがあるであろう。

そして、このしるしは、意外と、この頃の日常生活にも見られる。若い人が着るTシャツのロゴにもなっている。また、在日米軍が産業廃棄物PCB（ポリ塩化ビフェニール）をアメリカやカナダに搬送し陸揚げしようとしたが断られ、やむなく横浜港に逆戻りしてきたとき、それに反対する団体が横断幕を掲げていたが、その幕にこのしるしが書き込まれていた。人体に害のある化学物質の入っている容器にもこのしるしが見られる。

頭蓋骨と交叉する二本の大腿骨は、今日でも身近によく見られるしるしなのである。

辞書で調べてみよう

しかし、このしるしは、今からおよそ二百年ほど前の十八世紀の海賊船の旗じるしで、しかも、このしるしが用いられていたのは、一説によると、せいぜい二、三十年ほどの短期間であった、ということを知っている人は、意外と少ない。

そんなしるしが、今日まで生き延び、日常的に用いられている理由は何なのであろうか。それは、やはり、その印象が強烈で、しかも図柄として卓抜なものであるからであろう。

■Jolly Roger を辞書で引いてみると

海賊旗《頭蓋骨の下に二本の大腿（たい）骨を交差させたものが多い》（研究社『新英和大辞典』）

海賊旗：黒地に白いどくろと大腿（たい）骨二本を組み合わせた模様の旗（『小学館ランダムハウス英和大辞典』）

海賊旗（black flag）（大修館書店『ジーニアス英和大辞典』）

図1　危険のしるし（古川知泉作）

図3　海賊船の旗

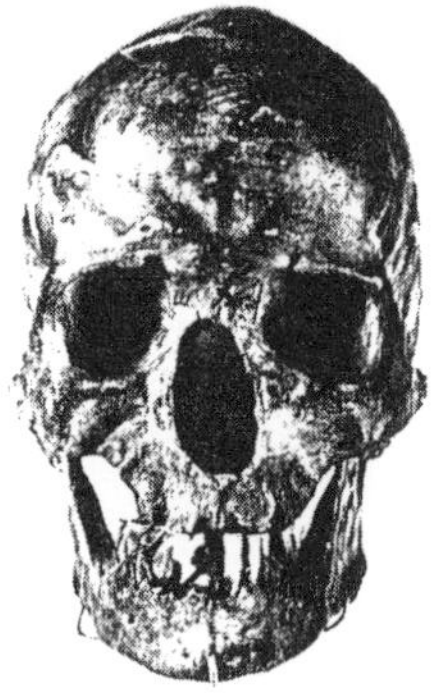

図2　頭蓋骨

図4　強制収容所にある髑髏じるし（HALTはドイツ語の「止まれ」）（『アウシュヴィッツの記録』三省堂より）

図5　半月刀（リチャード・プラット『海賊』同朋舎出版より）

しかし、話を前へ戻して、死を表わすには頭蓋骨だけでいいのに、なぜ二本の交叉した大腿骨が加わっているのであろうか。この点について考えてみよう。

その手順としては、当然、書籍に当たってみるか、辞書または百科事典を開いてみるかである。そのうちでいちばん手っ取り早い方法は辞書を引いてみることであろう。書籍に当たるといっても、海賊に関するものを身近に置いている人は少ないと思われるからである。

それでは辞書を引いてみよう。

海賊といっても、この場合、日本の海賊ではなく、ヨーロッパの海賊であるから、引く辞書は、まず英語のものであろう。

そこで、どの出版社のでもよいが、いちおう『新英和大辞典』（研究社）に当たってみる。

海賊船の旗のことを英語では **the Jolly**《ジョリー》 **Roger**《ロジャー》という。それでその項を引いてみると、「海賊旗《頭蓋骨の下に二本の大腿（たい）骨を交差させたものが多い》」とあるだけであって、その謂《いわ》れについては一切書かれていない。ただ〘← **jolly** + ***Roger*** **pirate flag**（← **Roger**）〙と付記されている。**jolly** を見なさいということなので、その項を見ると、「陽気な、陽気にはしゃいだ、にぎやかな、浮かれた」などといった普通の意味が書かれているだけである。それで、次に **Roger** を見なさいとあるので、見てみると、**roger**[1], **R-**[rάdʒɚ|rɔ́dʒə(r)] n.＝**Jolly Roger** としか記されていない。つまり人名だということである。

頭蓋骨に二本の大腿骨の図柄が何を意味し、どういう理由でこの図柄になったのかは、辞書で

Jolly Rogerを引いてみたかぎりでは、よく分からない。

そこで、今一度、海賊船の旗のことを別にskull and crossbones（＝頭蓋骨と大腿骨〔腕骨〕二個を交差した図形）と言うのを思い出し、同じ『新英和大辞典』で引いてみた。skullの項には、「どくろ印《大腿（たい）骨を十字に組みその上に頭蓋骨を置いた図形で死の象徴。昔は海賊の旗じるしに、今は刑務所・毒薬のびんの目印として使用。cf. black flag, Jolly Roger, RAWHEAD and *bloody-bones*》」と付記してある。RAWHEAD and *bloodybones*とはrawhead（＝お化け）と、古語であるbloodybones（＝妖怪、お化け）を組み合わせた成句で、それで「頭蓋骨と交差した腿の骨二本の組合わせ《死の象徴》」の意味となり、形容詞になると「お化け話のような、とても怖い」という意味になるだけなのである。

そうすると、skull and crossbonesという英語でも、なぜ大腿骨が二本交差した図柄になっているのか、その理由は全くと言っていいほど分からない。

日本の英和辞典で突き止められないとすると、あとは英英辞典に当たってみるしかない。もちろん、イギリスのとアメリカのである。

しかし、当たってみた経過をここに紹介すると、あまりにも冗漫になり、読者を退屈させかねないので、結果だけを記すことにする。

残念ながら、曰《いわ》く因縁については不明である。つまり、語源について触れている辞典がないのである。Rogerは人名であると明記している辞典が多い。最も新しい*The New Oxford Dictionary of*

English（一九九八年版）でも、「語源は不明」となっている。

それでは、「海賊船の旗」the Jolly Rogerは、辞典の言うところによると、「陽気なロジャーさん」という意味になってしまう。しかし、それでは何のことか分からない。なぜロジャーさんでなければならないのか。そして、恐ろしい旗がどうして「陽気な」ものなのか。考えてみるとおかしなことである。そう思うと、海賊船の旗のことを「陽気なロジャーさん」でよしとすることはできない。心の中で納まりがつかないからである。

そこで次に打つ手は百科事典である。

ところが、これも、結論からいえば、残念ながら徒労に終わった。

定評ある辞典や事典類に当たって分からないとすると、そこで諦めるか。そうはゆかないであろう。文化に現われたイメージには必ず理由があり、根拠があってのものであるからだ。どこかにその曰く因縁が記されているはずである。

そう考えると、あとは手当たり次第に所蔵の本をひっくり返すしかない。


「ジョリー・ロジャー」とは？

そこで、海賊に関するいろいろな本を調べてみたところ、リチャード・プラット著『海賊』（朝比奈一郎訳、同朋舎出版）の三五頁に、「ジョリー・ロジャーという名前は、〝オールド・ロジャー（悪魔）〟に由来しているとも、フランス語の〝ジョリー・ルージュ（赤旗）〟から取ったともいわれている」とあった。

一考に値する説であろう。しかし、残念ながら、どちらでも取れるとされている点、曖昧だという印象は拭いきれない。

そのため、他の説はないものかとさらに所蔵している本をあれこれ手に取ってみた結果、新しいひとつの叙述にぶつかった。

J.C.Cooper, *An Illustrated Encyclopaedia of Traditional Symbols*（J・C・クーパー著『伝統的シンボル図解百科事典』）のなかの「thigh」（腿）の項である。拙訳ではあるが、紹介すると、そこには次のように記されている。

腿《もも》はしばしば男根（ペニス）を象徴するものとして用いられる。そこから、腿は創造力、生殖、力を表わす。頭蓋骨と交叉した大腿骨（海賊船の旗）は生命力の根源となるふたつのもの、頭と腰部を表わしていて、死後にもそれは残るのである。頭蓋骨と大腿骨には魔力があり、生命力を奪う。そのため、死の象徴となるのである。エジプトでは、牡牛、またはカバの腿は「セト神の男根を表わす脚」と言われている。ディオニュソスはゼウスの腿から生まれた。

説明を要するであろう。

腿（ペニス）から子を生む――ゼウスの話

「腿はしばしば男根（ペニス）を象徴する」とあるが、これは、もちろん、ペニスとずばり言う代わりの婉曲表現として「腿」が用いられる、ということである。ペニスに近い身体部位である腿によってペニスを表わしているのである。腿がペニスであるとすると、腿は、当然、「創造力」と「生殖」を表わす。それはペニスが「性交」のイメージを与えるため、新しい命を「創造」すると思われるからである。そして、「生殖」については言及するまでもないであろう。「力」を表わすとあるが、これはペニスが新しい命を生み出す元であるからでもあるが、それよりも、ペニスの隆々と勃起したさまが「力」のイメージを強く訴えるからであろう。

引用文の最後に「ディオニュソスはゼウスの腿から生まれた」とあるが、これは、ギリシア神話のなかの有名な話である。ゼウスは最高神で男神である。男神であるのに、なぜ子を生んだのであろうか。

男神ゼウスは妻ヘラがいるのにセメレという女神を愛し、子を孕《はら》ませてしまった。嫉妬に狂ったヘラは一計を案じ、「こんど来るときは、電光と雷鳴とともに戦車に乗って来てね」とゼウスに言うように、とセメレをそそのかした。セメレはヘラの言ったようにゼウスにお願いした。セメレを愛してやまないゼウスは、もちろん、その姿をしてやって来た。そして求婚もしたのである。

なぜ電光と雷鳴なのであろうか。

それは、いずれも天空からのものであるから、天空にいる神の使わすもの。とすると、電光と雷鳴は神の使者となる。そのため、求婚するとき、そのふたつを伴ったということは、神のお告げによることとなり、聖なる求婚となる。これ以上、女性を喜ばす求婚方法はないであろう。その上、空気を切り裂いて、雷鳴とともに光る電光は猛々《たけだけ》しい。そうしたイメージのため、それはたくましく勃起したペニスを連想させる。結婚による激しい抱擁と、熱い性交。歓喜に打ち震える花嫁と花婿。全きイメージの世界である。ギリシア神話はイメージの世界そのものなのである。

しかし、そうした電光と雷鳴はもうひとつの特性を持つ。電光に当たると命を落とす、ということである。イメージの暗転である。

そのため、ゼウスの子を身籠っていたセメレは、ゼウスが伴ってきた電光に打たれて、哀れにも絶命してしまった。嫉妬に狂った正妻ヘラの思わくは、見事に成功したのである。

ゼウスはなすすべもなかったが、ただひとつやるべきことがあった。セメレの腹の中に宿っている自分の子を救うことであった。そこで、ゼウスは、すぐさま、セメレの腹の中から子を取り出し、自分の腿を切り裂いて、そのなかに子を入れた。やがて、月が満ちると、ゼウスの腿から子が生まれた。ディオニュソスである。

生誕にまつわる神話には、現代から見れば全く不可解という他ない話がいくつもある。腿から生まれたこのディオニュソスの話は、腿がペニスという生殖器に近い身体部位であるから、まだしもという感があるが、同じゼウスが、今度は、なんと頭からも子を生んでいるのである。

アテナ生誕の神話である。

頭から子を生む——サムソンとアテナの話

先に引用したJ・C・クーパーの事典に、頭が「生命力の根源となる」とある。そうであれば、頭からひとつの命が生まれるとする神話も、あながちこじつけとは言い切れない。

しかし、なぜ頭が生命力の根源となるのであろうか。イメージとしてはピンとこないが、その理由は簡単である。頭には髪の毛があり、それは放っておくとどこまでも伸びる。伸びるのは頭に生命力が宿っているからである、と古代の人々はイメージした。

たとえば『旧約聖書』の「士師記《ししき》」に出てくるサムソンの話は有名で、知っている人も多いと思うが、概略だけを述べておこう。

イスラエルの人々は、悪事を行なったため、主によってペリシテ人の支配下に置かれた。マノアという男がいたが、あるとき、主の使いが現われて、おまえの妻がやがて身ごもって男の子を生むが、その子は胎内にいるときから神にささげられているから、その子の頭にかみそりを当ててはいけない、と言われた。「ペリシテ人の手からイスラエルを解き放つ救いの先駆者となろう」とも言われた。主の使いの言葉どおり、やがて男の子がさずかり、サムソンという名がつけられた。長じたサムソンは、子山羊を引き裂くように、ライオンをもいとも簡単に裂き殺してしまうほど力の強い男になった。あるとき、サムソンはペリシテ人とのトラブルに巻き込まれた。サムソンは二本の縄でがんじがらめに縛られたが、それを易々と解くと、ろばのあごの骨でペリシテ人千人を打ち殺した。サムソンの怪力ぶりは評判になった。そして、そのサムソンがガザという町にやって来ると、町の人々はサムソンの怪力を恐れて殺そうと考え、サムソンが好きになったデリラという女に、その怪力の秘密を聞き出すよう頼んだ。ところが、サムソンは愛する女の願いにもかかわらず、何度も嘘をついて、なかなかその秘密を明かそうとしない。しかし、ついに女のしつこい追求に根負けして、「もし髪の毛をそられたら、わたしの力は抜けて、わたしは弱くなり、並の人間のようになってしまう」と言ってしまった。そのためサムソンは、デリラの膝を枕にして眠っている間に、髪の毛を七房そられてしまい、その力を全く失ってしまった。ペリシテ人に捕らえられたサムソンは、ガザに連れて行かれ、目をえぐり取られ、青銅の足枷をはめられて、牢屋で粉をひかせられることになった。ペリシテ人はサムソンを捕らえたことを喜び、祝宴をくりひろげた。しかし、その間に、そられたサムソンの髪の毛は、また伸び始めていた。やがて、サムソンは笑いものにされるため、人々の前に引き出され、建物の柱に手をそえて立たされた。三千人もの人々がサムソンを見に集まって来ていた。ところが、髪の毛が伸びていたサムソンがその建物の柱を力を込めて押すと、建物は崩れ落ち、人々は皆圧死してしまった。

これが「士師記」にあるサムソンの物語の概略であるが、読むと分かるとおり、そこには髪―頭―生命力―力のイメージ連想がある。この連想からみると、国家の守護女神でもあり、さまざまな面での指導女神であるアテナをゼウスが頭から生んだとするギリシア神話も、あながち荒唐無稽な話として退けることはできないであろう。

イメージで語ると、読む人の心にそれだけ強い衝迫を与えるのである。つまり、イメージ連想は心に訴える力を持つのである。

それでは、ゼウスはなぜアテナを頭から生まなければならなかったのであろうか。それには、やはり、理由があったのである。

ゼウスの最初の妻はメティスという名の女神であった。やがて、そのメティスは妊娠した。ところが、そのとき全世界を支配していたウラノスが、メティスがもし男の子を生むと、その子が自分の王座を奪う、と予言したため、ゼウスはもし男の子であればウラノスにその子が殺されてしまうと思った。当然であろう。そこで恐れたゼウスは妻のメティスを呑み込んでしまった。そうすれば、子を生むのはメティスでなく、自分になると思ったからである。やがて子が生まれる月になると、ゼウスはヘパイストスに斧で額を割ってもらい、頭から子を生んだ。それがアテナであった。ただし、男の子ではなく女の子であった。

賢明な読書はこの話から、次の場面をきっと思い起こされるにちがいない。

イエスは、ヘロデ王の時代にユダヤのベツレヘムでお生まれになった。（……）

主の天使が夢でヨセフに現れて言った。

「起きて、子供とその母親を連れて、エジプトに逃げ、わたしが告げるまで、そこにとどまっていなさい。ヘロデが、この子を探し出して殺そうとしている」。ヨセフは起きて、夜のうちに幼子とその母を連れてエジプトへ去り、ヘロデが死ぬまでそこにいた。(「マタイによる福音書」二・一、一三―一四。以下、『聖書』の引用は共同訳『聖書』から)

有名なヘロデ王による幼児虐殺にまつわるイエス伝の一節である。

アテナにしろ、イエスにしろ、王位簒奪者と見られたのである。そのため、ふたりとも親によって身を隠されたのである。

ここにもイメージ連想が働いていることは言うまでもない。

王位にある者は、つねに、それを奪われることを憂い、簒奪者を殺そうとする。世の常であろう。古代においては、王位をめぐる葛藤が多かったのであろう。

ギリシア神話とキリスト教の話の一致は、偶然であろうか。それとも……

目―睾丸のイメージ連想

J・C・クーパーの事典の先に挙げた個所、「生命力の根源となるふたつのもの、頭と腰部」について、少し遠回りした懸念がないわけではないが、遠回りしたついでに、いまひとつのイメージ連想について言及しておこう。

それは先に述べたサムソンの話で触れておいた「目をえぐり取られ」という個所であるが、実は目をえぐり取られるということは、去勢されること、つまり、睾丸を抜き取られることを言っているのである。

目は頭部にふたつある丸い玉。睾丸は下腹部にあるふたつの丸い玉。イメージは容易に連想され、そのため、目と睾丸は同一視されるのである。いや、睾丸を婉曲に表現するのに目とするのである。だから、サムソンの目を人々がえぐり取ったのは、サムソンの怪力を怖れて、去勢すればその力が弱まると思ってのことと取るべきなのである。男の力は睾丸にあるという考えは今日でもあるであろう。しかし、サムソンは去勢されても、髪の毛―生命力―力によってその怪力を発揮することができたのであった。

目―睾丸のイメージ連想は、他にもある。たとえば有名なオイディプスの神話がそれである。あまりにも有名な神話なので、概略を述べることは控えるが、要するに、オイディプスは、自分が父なる王を殺し、生みの母親と結婚する運命にある、との神託を受け、そのため、そうならないように努めたが、結局は神託どおりになったので、自らその両眼をえぐってつぶし、放浪の旅に出て、アテナイで死んでしまうのである。

この神話にはいくつものヴァージョンがあり、また、その解釈もいろいろとなされているが、本書に関わる点は、自らその両眼をえぐったとする点である。オイディプスが両眼をえぐったのは、心ならずも実の母親と結婚して性交した罪を償うために、去勢したことをいうのである。

目―睾丸のイメージ連想を思えば、そう解釈するのは当然であろう。去勢とはっきり言わずに、イメージ連想による婉曲表現の方が物語に奥行きを与えるからである。人間がイメージにこだわる理由のひとつである。

そして、オイディプスが父なる王を殺したのは、「王殺し」のひとこまであるが、この点については後述することになるので、ここでは触れないことにする。

なお、オイディプスという名前であるが、英語で書くと Oedipus となり、これは oedi（腫れる）と pus（足）の連結語句で、そのため、オイディプスという名前は「腫れた足」という意味になる。

なぜそうした名がつけられたのであろう。

オイディプスの父ライオスはテーバイ王国の王であったが、もし男の子が生まれたら、その子によって殺され、王位を奪われることになる、という神託を受けていた。またもや王位簒奪をめぐる話なのである。そして、そこに男の子が生まれたのである。父なる王は、当然、その男の子を棄てた。そのとき、その男の子の踵《かかと》にピンを指した。それは踵が急所で、そこを傷つければ、やがて、その子は死ぬと思ったからである。間接的な殺しである。男の子の足は、そのため、当然、腫れてしまった。拾った人は、その足を見て、「腫れた足」、つまり、オイディプスという名をつけたのである。

踵にまつわる神話

踵を傷つけられる神話は、このオイディプスの場合だけではない。

ホメロスの『イリアス』の中心人物アキレスは、不死身の英雄として盛名を馳せていたが、トロイア戦争において、その肉体の唯一の弱点である踵に矢を射こまれて、あえなくも死んでしまった。また、古代エジプトの太陽神ラーは蛇に踵を噛まれて命を落とし、同じくエジプトの沈黙の神（口に手を当てている姿で表わされる）であり、太陽神でもあるハルポクラテスはその踵を蠍《さそり》に噛まれて死に、そしてまた、ギリシアのクレタ島の番人で、人が島に入ってくると抱きついて焼き殺したとされる怪物タロスは、ポイアスに踵に矢を射こまれて殺されてしまった。ちなみに、タロス Talos を語源とするとも思われる英語 talus には「足首」という意味がある。

踵にまつわる神話がなぜこのように多くあるのであろうか。それには根拠がなくてはならない。人間は踵を大地につけて歩き、そして生きてゆく。しかし、踵が大地につくということは、一方で、太陽が沈んで大地につく、つまり「日没」を象徴するのである。そして「日没」は死をイメージ連想させる。昔の人々は、それを太陽が死の世界に入ってゆくと見たのである。一方で、「日の出」を死からの再生と見た。

死と再生をイメージするのに、日没と日の出という自然現象を、容易に古代の人々は受け入れることになった。このことは、日没と日の出を同じく見ている現代のわれわれにもそれとなく通じるイメージ連想ではないであろうか。

太陽神にしろ、王にしろ、怪物にしろ、いずれにしても死から免れることはできない。その死を、踵を傷つけられることで表現した古代の人々の心性、つまりイメージ連想を、われわれは荒唐無稽なものとして一方的に退けることはできないであろう。

「生命力の根源となるふたつのもの、頭と腰部」とするJ・C・クーパーの事典の項について、少し饒舌になりすぎたかもしれない。しかし、「ヤコブの腰から出た者で、ヤコブと共にエジプトに行った者は、ヤコブの息子の妻たちを除けば、総数六十六名である」（「創世記」四六・二六）とあるように、頭と腰部を生命力の根源とする話は数多いのである。今まで紹介した例はその一部である。

なお、ひとつ言い忘れたことがあるので、付け加えたい。それは、アキレスの件《くだり》で、今でも「アキレス腱」は日本でもごく普通に使われる語であるが、なぜ腱―踵がアキレスの弱点となったかである。その理由は、アキレスの母が、アキレスの身を不死身にしようとして、冥界の川にアキレスを浸したが、そのとき、母が踵を握っていたため、そこだけが水につからなかったからであるとされている。不死身にするために冥界の川に浸すのはなぜか。冥界―不死のイメージ連想がなぜあるのかについては、後述する。

ジョリー・ロジャーは「陽気なペニス」の意味

さて、そろそろ、本題である海賊船の話に戻ろう。

これまで述べてきたことから、ふたつのイメージ連想が明らかになった。

頭（頭蓋骨）―生命力

腰部（腿）―生命力

そして、腿は大腿骨をも表わす。

そうすると、頭蓋骨と交叉した二本の大腿骨は、クーパーの言うとおり、「生命力の根源となる」ものであることが、はっきりした。しかし、次の叙述、「頭蓋骨と大腿骨には魔力があり、生命力を奪う」は、どう考えればよいであろうか。

生命力があるふたつのものが、同時に、生命力を奪うものというのは、矛盾するのではなかろうか。

しかし、生死一如《しょうじいちにょ》。生と死はひとつのもの。こうした考えは仏教の世界のみのものではなく、東西を問わず、古来、人々の心の中にあったのである。

生を与えるものは、同時に、死をもたらす。頭と腿は生命を与えると同時に、その肉が腐って落ちると、その結果残った骨、つまり頭蓋骨と大腿骨は、当然、死を表わすものとなる。腐って落ちるとは、死ぬことを連想させるからである。そのため、そうしたものを旗じるしとする海賊船の旗は、「死」そのものをずばり象徴しているのである。

前述したように、クーパーの事典には、「腿はしばしば男根（ペニス）を象徴する」とあった。そこで、次のようなイメージ連想が可能となるであろう。

腿―大腿骨―ペニス

海賊船の旗にある交叉している大腿骨は、ペニスを表わしているものと考えてよいであろう。そして、交叉しているのは「交わる」こと、つまり「男女の交接」を意味する。ますますペニスの謂《いい》であるという印象が強くなる。

そこで、今一度、辞書を引いてみる。

Rogerは確かに人名とある。しかし『新英和大辞典』(研究社)には、Rが小文字になった普通名詞のrogerの項があって、「1 penis. 2 性交」とある。これは *The Oxford English Dictionary* という最も権威ある大辞典に拠ったもので、この大辞典のRogerの項を開いて見ると、俗語としてではあるがa man's yardという意味もあると記されている。yardは「ヤード」という長さの単位で、日本人もよく知っている語であるが、古くは「棒」の意味があり、そのため、a man's yardは「男の棒」、つまり「ペニス」の意味になるというわけである。日本の英和大辞典でも、yardには古語として「ペニス」の意味があるとしているものもある。

そう、the Jolly Rogerの Rogerは「ペニス」または「交接」の意味なのである。このことは、J・C・クーパーの本と読み合せると、いっそうはっきりする。そして、大辞典の裏付けもあって、そう断言できるのである。

英語の内外の辞書を見ると、the Jolly Rogerの意味は「海賊船の旗」とされているのみであるが、実は、そこには「陽気なペニス」という意味が隠されているのである。

しかし、もしそうだとすると、なぜイギリス人は海賊船の旗をそう言ったのか、ということが問題となる。

なぜ「陽気なペニス」なのか

「陽気なペニス」。なぜであろう。

周知のようにイギリスは島国。四方を海に囲まれている海洋国である。そのため、古代から物資を輸送するために、船を用いていたことは明らかである。その物資は、当然、海賊の狙うところとなる。とくに北方から襲ってくるバイキングの恰好の目標であったであろう。

ある本によると、一五七〇年頃からの四十年間に、四百隻を超えるイギリスの船が海賊に襲われ、積み荷を奪われたのはむろんのこと、多くの乗組員が奴隷として売り飛ばされたという。

しかし、その昔は、イギリス人が最も屈強な海賊民族であった、とも言われている。イギリス人には、北方のスカンディナヴィア、サクソン、そしてノルマンの血が流れていたから、荒れ狂う海をものともせず、腕力にものを言わせて、思う存分海賊行為に走ったようである。

紀元前五五年にかの有名なユリウス・カエサルが、遠路はるばるブリテン島にまで軍を進めたのは、イングランド南部に根拠地を持つ海賊が、イギリス海峡を渡って地中海にまで侵攻し、海賊行為をほしいままにして、ローマ人を悩ませたからとも言われている。

イギリス人は海賊に悩まされもしたが、海賊行為も盛んにやったのである。

それでは、「陽気なペニス」と言われた海賊船の旗は、外国の海賊船の旗のことを言ったのであろうか、それとも、自国のを言ったのであろうか。

それは、当然、外国のであろう。自国の旗のことをそう言うのは、あまりにも自嘲的すぎるからである。

それでは、外国の海賊の旗をなぜそう言ったのであろうか。

現在でも、マラッカ海峡や東南アジア近海に海賊が出没し、船ごと掠奪して新聞紙上を賑わしているが、昔の海賊は、海上で他船を襲ってその積み荷を奪った上、乗組員を全員捕獲して奴隷にしたり、売り飛ばしたりした。しかし、昔の海賊はそうした海上での行為の他に、その余勢を駆って港々に上陸し乱暴の限りを尽くしたのである。

男たちは殺されるか、捕らえられる運命に遭った。女たちは、当然のように、凌辱を受けることになった。

イギリスの港に上陸して女をつかまえた海賊たちは、手向かってくる男たちがいないなか、思うがままに女たちを凌辱し、楽しんだことであろう。海賊たちは、そのとき、イギリスの女たちを全裸にし、歓喜の声を挙げてセックスを楽しんだことと思われる。さんざめきながら女を玩《もてあそ》んだことであろう。

運よく逃げおおすことができた港の男がいたとして、その男が物陰からそっと覗いて、海賊たちの行為を見たとしたら、たぶん、その男には海賊のセックス行為が陽気な雰囲気のうちに行なわれていると見えたに違いない。

陽気なセックス。そう、まさに the jolly roger なのである。「陽気な交接」、または「陽気なペニス」。海賊船の旗がそう言われた理由はそうしたことにあるに違いない。

権威のある英語の辞書には、そうした意味であることは一切書かれていない。そのため、そう断言するにはいささか心が臆さないわけではないが、しかし、そう考えても許されるのではなかろうか。『シンボル辞典』の方に、案外、言葉の持つ象徴的かつイメージ的意味を通して、ことの真実が書かれていることが多い。普通の辞書には、言葉の表面的な意味しか記述されていないからである。

さて、いつ頃、どの国の海賊がその船にどのような旗をつけたかであるが、それはどうも明確には分からないようである。頭蓋骨に交叉した大腿骨のしるしをつけた旗も、いつ、どこの船が掲げたかは不明である。海賊船の旗じるしには、その他、全身の骸骨のもあれば、半月刀のもあり（図5）、さらに砂時計（時間—はかなさ—死）のもある。そして、まっ赤な無地の旗が最も恐れられたらしい。血まみれのイメージからである。海賊船の旗じるしはいろいろあったのである。

海賊船はそうした旗をいつも掲げていたわけではなく、狙いの船に近づいたときに掲げたらしい。抵抗しないで、黙って積み荷をよこせば、命だけは助けてやる、という合図であったようである。

十九世紀に入ると、ヨーロッパ先進国では、工業技術の進歩とともに造船術も高度なものとなり、強力な軍艦を持つようになった。さしも猛威を振るった海賊も、その力の前にはなすすべもなく、急速に姿を消すことになった。

海賊船の旗 the Jolly Roger が実際に用いられたのは、二百年も前の、しかも短期間であったといわれている。しかし、その図柄が卓抜であるせいか、今も、しかも日本でもそれが見られるが、それはイメージの持つ生命力の強さのためであろう。イメージはいったん人の心を捕らえると、意外と根強く生き残るものなのである。

海賊船の旗じるし、髑髏じるしが「陽気なペニス」の意味であることをこれまで述べてきた。

さらに、ペニスのイメージを補完する意味で、もうひとつのペニスのイメージの話をしてみたいと思う。

ただし、今までは「ペニス」という語を用いてきたが、ここでは「男根」という語に代えたいと思う。それは、これから紹介する話が紀元前のエジプト神話であるからだ。ペニスは現代的用語の印象が強く、男根の方が紀元前の話を紹介するのに、よりふさわしいと思うからである。

エジプト神話と男根

数多いエジプト神話のなかで、最も人々に口にされ、人気のあったのはオシリス・イシスの神話であろう。

この神話にはいくつかのヴァージョンがある。次に紹介するのもひとつのヴァージョンと受け取ってもらいたい。

エジプトの祖神はヌーという神で、混沌を表わす神であった。祖神とは原初の神であり、その原初を表わすのに、世界の多くの神話では、「混沌」つまりカオスをもって表わした例は多い。進化論などは、とてもではないが、考えも及ばなかった古代、人々はことの始まりを混沌という言葉で表わすしかなかったのである。

言うまでもなく、これはイメージ連想の世界である。混沌というイメージで、古代の人々は「ことの始まり」を理解し、納得していたのであった。それを陳腐なイメージとして退けることは容易であるが、古代の人々のそうした心性にそっと手を差し延べてやれば、科学万能の世界に生きる現代人の心をも優しいものとするのではなかろうか。イメージは人の心をふくよかにふくらますものでもあるからである。

エジプト神話の祖神ヌーは創造神として四人の子を生んだが、そのうちの二神、ヌート（天界女神）とゲブ（大地神）の間にオシリス、イシス、セト、ネフチスの四人の子が生まれた。そして、オシリスとイシスの兄妹が夫婦となり、セトとネフチスも夫婦となった。

兄妹婚は近親婚であり、現代では見られないが、神話の世界ではよくあることである。とくに世界の始まりでは、神々が数えるほどしかいないため、そのことは不自然なことでもなければ、禁忌ともされなかった。

そのオシリスは植物神で、イシスは地母神、つまり豊饒神であったが、同時に、愛と母性のシンボル的存在でもあった。夫オシリスは地上の王となり、人々に牧畜や農耕、そしてさまざまな技術を教え、善政をしいてエジプトを立派な国にした。さらにオシリスは、エジプト人の生命線ともいうべきナイル川の水を豊かなものにし、豊饒をもたらした。そのため、オシリスはおおいに人望を集めるようになった。ところが戦いの神である弟セトはその兄の人望の厚いのをねたみ、兄を亡き者にしようと考える。そこで、セトは策略を練り、ある祭りの宴会の席上、大きな櫃《ひつ》を持ち出し、その櫃にぴったり入れる者にそれをやると言った。次々と入り、やがてオシリスの番となり、彼がその中に入るやいなや、セトはその櫃の蓋をいきなり閉じて、錠を降ろしてしまった。そして、セトはその櫃を運び出し、ナイル川に投げこんでしまった。

植物神オシリスが死んだため、地上は凶作に苦しむことになり、それまで澄んでいたナイル川や海は黒ずんで緑色になってしまった。

妻イシスは夫の死を悲しみ、オシリスの死体だけはなにがなんでも見つけようと、旅に出た。さんざん捜しまわった挙句、やっとその櫃が今のレバノンのビブロスの浜辺に打ち上げられたことを知った。その櫃は生長したエリカの木に包まれて腐敗を免れていた。ビブロスの王はその木の美しさに魅せられ、切り出して自分の宮殿の柱とした。それと知ったイシスは王に事情を話し、その柱をもらい受け、櫃の中からオシリスの死体を取り出し、エジプトに持ち帰った。そこでイシスは喜びのあまりオシリスの死体の上に自分の体を重ねて抱擁した。ところが、そのことで、意外や、イシスは妊娠し、やがて子を生んだ。ホルスである。

オシリスの死体が持ち帰られたことを知ったセトは、なんとかしてオシリスをこの世から消そうと、またもやイシスの目を盗んでオシリスの死体を奪い取った。今度はオシリスの体を切り刻み、各地にばらまいて捨てた。それと知ったイシスは、今度も各地をさまよい歩いてその死体の断片を拾い集め、それらを縫い合わせて防腐処置を施し、儀式を行なってオシリスに永遠の生を与えることに成功した。しかし、男根だけは、ナイル蟹か魚に食べられたのか見つからなかったという。こうしてオシリスは冥界の王となって、永遠の生を与えられたのである。

この神話には後日譚がある。

夫オシリスが冥界の王となったため、イシスと息子ホルスは乞食をして生きてゆかねばならなかった。イシスは幼な子ホルスを葦の中に隠して物乞いをして歩いていたが、ある日、帰ってきてみると、ホルスが半死の状態である。仇敵セトが毒蛇に変身して忍び寄り、ホルスを咬んだのである。イシスは悲しみに暮れるが、懸命に看病する。その甲斐あって、ホルスは回復し、やがて、長じて立派な若者になる。

ホルスは父の仇を討つことこそ自分の使命であると心に決め、セトと戦うことになる。しかし、セトは抜群の戦いの神であったため、ホルスは苦戦を強いられる。戦いは激しく、しかも何度も繰り返された。ある戦いで、ホルスはその両眼をセトに抜き取られる。幸いにして、その両眼は神々の書記トキに助けられて取り戻すことができた。

戦いは長い間つづき、決着を見ない。やがて法廷に持ち込まれて、ホルスとセトのいずれが王位の継承権を持つかの判決を待つことになった。

しかし、法廷においても、継承権は能力によって決めるべきか、それとも父系継承によって決めるべきかで、なかなか決着をつけられなかった。そのため、決闘が再開されたが、またもや決着がつかず、ついに、最終判断を冥界の王となったオシリスに委ねることに両者が同意した。オシリスは、もちろん息子ホルスに有利な決断を下した。オシリスはそのとき、神々や星たち、貴族や庶民もすべて、いずれは自分の国である冥界にきて、そこで自分の審判に服さねばならないことを宣言して、自分こそ最終的に万人の王であると告げた。

以上が概略である。

エジプト神話は時代により、地域によってさまざまな脚色が施され、そのため多少の相違が認められるが、以上述べたオシリス・イシス神話は標準的なものと見ていい。

エジプト神話のイメージ解釈

それはさておき、この神話には、すでに読者がお気づきのように、神話特有のさまざまなイメージがちりばめられている。象徴的意味がある、と言ってもいいであろう。

まずオシリスとセトの争いは、王権をめぐる争いと見て取れる。世界各地の古代社会においては、『日本書紀』にも読み取れるように、王権をめぐる血腥《ちなまぐさ》い争いが絶えなかった。エジプトも例外ではなかった。オシリスとセトは兄弟で、その争いは王権をめぐる骨肉相食《は》む争いであったのである。

もうひとつの解釈は、この争いはエジプトの国家統一にまつわるものと見ることができる。エジプトはナイル川下流域の下エジプトと上流域の上エジプトに分断されていた。オシリスとセトはそれぞれの領域を象徴する神であったのである。エジプト人は分断されていた国家が統一されることを念願していた。しかし、どっちの王が主導権を握るかで、争いが絶えなかったようである。オシリスとセトの争い、その後のホルスとセトの争いは、エジプト統一をめぐっての争いと、それがのちのちまでも続いたことを表わしているのである。

この神話には、そうした象徴的解釈とともに、エジプト人のさまざまな人生観、世界観がイメージをとおして語られているのである。それでは、この神話にあるイメージ連想とはどういうものであろうか。

エジプト人の最大の願いは死後再生することと、死んでからゆくあの世で永遠の生を得ることであった。ミイラとピラミッドはそうしたエジプト人の願いを具体的に表わしたものである。

再生と永遠の生。これは、生きにくく、死が絶えず身近にあった古代社会の人々の共通の願いであった。そのため、世界各地の神話に必ず出てくるテーマであり、イメージであった。

オシリスが二度殺されてその肉体が捨てられたが、二度とも拾い集められたことは、再生のイメージそのものである。死からの再生は、植物の枯死から発芽という自然現象と重なる。つまり、死―再生のイメージは枯死―発芽から得た古代人の豊かな心性の現われと見ていいであろう。日常的に目の前にあったのである。

オシリスが植物神であることは前に述べた。植物神であれば、当然、発芽―成長―枯死を決まってくり返す。オシリスは二度しかそれをやらなかったが、植物であれば、もちろん何度となくそれを繰り返す。

オシリスの死—再生は自然界における現象をそのまま投影したものと見ていい。再生のイメージそのものなのである。

人間の一生は、生誕—成育—老死であり、植物の一生は発芽—成長—枯死である。しかし、植物は枯死してもまた発芽するが、人間にはそれがない。「人は死ねばゴミになる」と名言を吐いて死んだ人がいた。死をもってすべての終わりとするのは現代人のほとんどがもつ観念であり、死生観かもしれない。そして、それは分明なことであり、それ以上のことは許されないのかもしれない。現実は現実、どんなにそれ以上のことを思ってみようとしても、現代人の心はピクリともしないかもしれない。

そうした死を知ってしまった人間にとっては、その心が死を超えた世界へ導かれることは、とても難しいことかもしれない。現代ではなおさらであろう。

しかし、古代世界は今より生きるのに難しく、死はいつもその身辺にあった。それだけ、厳しい現実を超えたい気持が強かったのであろう。再生と永遠の生を古代人がイメージしたとしても、彼らよりはるかに生きやすい日常を生きる現代人が、それを笑えるであろうか。

現代に生きるわれわれも、自分の心をほんのわずか、そっと押し開いてみると、再生と永遠の生というイメージのほのかな世界を、垣間見ることができるのではなかろうか。

イメージの世界は、古今東西を問わない世界なのである。

冥界降りのイメージを解く

さて、話を進めてゆかなくてはならない。

オシリスが冥界に降りていって、そこの王となり、永遠の生を得た、ということを述べたが、このことも、やはり説明が必要であろう。

冥界の王とは何を意味し、その王はなぜ永遠の生を得ることができるのであろうか。

冥界とは、分かりやすく言うと、地下世界である。地獄と言うと誤解を招きやすいので、ここでは使わない。地下世界は暗い世界であり、魑魅魍魎《ちみもうりょう》が住んでいる恐ろしい世界というイメージがあるが、そこに英雄たちが降《くだ》ってゆく話は、世界の多くの神話にある。「冥界降《くだ》り」と言われている。日本神話にも、伊弉冉尊《いざなみのみこと》が火の神を生んだために黄泉国《よみのくに》（＝冥界）に降《くだ》らざるをえなくなり、そのため、夫である伊弉諾尊《いざなぎのみこと》がその妻を連れ戻すために黄泉国へ降ってゆくという話がある。もちろん、ギリシア神話にもそれはある。オリュンポス十二神の一人で、ゼウスの末っ子であるヘルメスは霊魂を冥界へ導く役目を持つ神であり、そのため、しばしば冥界降りをしたという。霊魂導師なのである。

冥界とは、いちおう、地下にあって死者の住む国となっている。そのため、冥界降りとは、死者をその地に導くことか、冥界に降った死者を連れ戻すことを言っていると解釈していい。しかし、話はそれだけで終わるのではない。

地下の世界、つまり冥界には魑魅魍魎がいる、と前に述べた。さまざまな怪物がいるのである。そのため、冥界に降った者は、当然、それらと戦わねばならず、強敵であるため悪戦苦闘を強いられる。そして、あくまでも勝たねばならないのが、冥界に降った神や王の使命であった。
こうした神話は、イメージの世界ではどのように解釈されるのであろうか。ここに、その点に的確な解釈をしたミルチャ・エリアーデ（世界的に有名なルーマニアの宗教学者）の説を紹介しよう。

（……）生きながら地獄に降り、怪物や悪魔などを物ともせずに進んでゆくとは、イニシエーション的試練をうけることである。生きている人間の地獄降りは英雄のイニシエーションの特徴であり、その目的は肉体的不死を獲得するにあることを付け加えておきたい。（……）神話こそは宗教的人間の深い、そしてしばしば無意識の欲求をもっとも完全に啓示するものだからである。（『生と再生』堀一郎訳、東京大学出版会）

地獄と訳されているが、それを冥界、または地下世界と取っていい。エリアーデは、ここで、ふたつのことを言っている。イニシエーションと不死の獲得である。
人間が立派な人間になるためには、いくつもの段階がある。幼児から少年少女へ、そして青春時代をへて大人へ。大人になっても、年齢によってそれぞれの段階があり、やがて老年期へと入ってゆく。

太古の生きにくい時代にあっては、心身ともに健全でなければ生き残れなかった。今の甘ったるい時代とはくらべようもないくらい、厳しく危うい環境に人間は置かれていた。そうした環境に負けずに生きてゆくように子を育て、青少年を導き、大人を指導するためにはどうすればよいか。その方法はひとつしかなかった。厳しい試練を課して、困難に負けない健全な心身をつくることである。それのみであった。古代においては、その試練に耐え得ないような弱者は、その者がいるだけで、その社会全体の存立を危機に陥れかねないと見られた。その者のためにその社会が余計な努力をしなければならないからであった。太古の社会はそんな余裕などこれぽっちもなかった。それほど環境は厳しかったのである。

イニシエーションにおいては、そうした厳しさに耐えうるかどうかを試すためにさまざまな試練を課して、人生の諸段階において、次の段階へ入れるかどうか、つまり、その段階を通過して、次の段階へ進めるだけの心身を持っているかどうかが試されるのである。それが、それぞれの社会独自の方法で行なわれたために、その社会の儀礼となったのである。

通過儀礼。そう、イニシエーションとは通過儀礼なのである。

オシリスは地下世界に降って、そこでさまざまな怪物や悪魔と生死を賭けた戦いを交えなければならなかった。それが通過儀礼であり、オシリスはその儀礼をものの見事に通過した。試練に耐えたのであった。こうしてオリシスは、エリアーデのいう「肉体的不死」を得たのであった。

人間は死ぬ。しかし、強く生き、立派に生きてゆけば、その死を立派に迎えられる。健気《けなげ》に生きれば健気に死ねる。

不死、永遠の生と言うが、実は、それはこういったことを言うのであろう。「神話こそは完全な啓示をする」とエリアーデは言った。神話が伝えるイメージこそが、現実を超えた世界を覗かせてくれる。それが啓示というものであろう。

なお、ここで冥界―不死のイメージ連想にひとつだけ付け加えて言わなければならないことがある。

前に「アキレス腱」のことを言った。そのとき、アキレスの母が、アキレスの身を不死身にしようとして、冥界の川にアキレスを浸した、と言った。

冥界の川に身を浸すと不死身になる。これは、今述べた「冥界降り」の話で分かるように、冥界―不死のイメージが、アキレス神話にも適用されているからである。ただアキレスの踵《かかと》（＝腱）だけがその水につからなかった。母がそこをつかんでいたからである。そのために、その踵は不死を得られず、アキレスの唯一の弱点となったのである。

エジプト神話のイメージとギリシア神話のイメージは共通している。イメージ連想は地域を問わないのである。ということは、人間の心の働きは、置かれている環境が似ていると同じような働きを、つまり、同じようなイメージを連想するものなのである。

さて、話をエジプト神話に戻そう。

オシリスの男根はなぜ見つからなかったか

次は、セトがホルスの両眼を抜き取った、とする件《くだり》である。

前に、オイディプスの神話を紹介したとき、目—睾丸のイメージ連想の話をしておいた。そこから考えると、セトがホルスの両眼を抜き取ったということは、ホルスのふたつの睾丸を抜き取ったことを意味する。睾丸は男性の精力のもと。その睾丸を抜き取られれば、戦う力を失う。当然、ホルスは負けそうになる。苦戦に陥ったのである。苦戦とは厳しい試練と解釈していい。ホルスが立派な地上の王となるためには、エリアーデのいうイニシエーションを経なければならない。ホルスは失った両眼を取り戻すことができた。課されたイニシエーションを見事に乗り切ったのである。そのため、最終的には地上の王となることができたのである。

ホルスとセトとの戦いの決着、つまり最終的判決が冥界の王となったオシリスによって下された。ここから、読者のなかには、キリスト教の「最後の審判」のことを思い出す人もいるかもしれない。世に終わりがきて、人類が神によって裁かれる。「最後の審判」である。神こそ不死の者。それはエジプト神話ではオシリスである。世の終わりとは、ホルスとセトの戦いの決着のことをいう。しかし、現代のわれわれの人生の決着は、その人がいかに生きたかによって決まる。

そう、イメージの共通の世界は、ここにも見られるのである。神によって裁かれるとは、人が現世にあっていかに生きたか、という至難極まりないことを言っていて、それを神による裁きというイメージに訴えているのである。

ところで、オシリスの男根はなぜ見つからなかったのであろうか。それはこの冥界降りと関係があるのである。

オシリスの死体はセトに切り刻まれて各地にばらまかれたが、妻のイシスが懸命に捜し回って見つけ出し、切り刻まれた死体を縫い合わせて、元の体に戻した。しかし、男根だけは見つからなかった。なぜであろう。

オシリスが植物神であることは言った。植物であれば、当然、発芽―成長―枯死を繰り返す。つまり、いったん枯死しても、春になるとまた発芽するのである。その枯死から発芽する過程は、地中にある根の働きによる、ということは今日の常識である。

古代の人々は、生物学の知識がなかったから、イメージによって「ことの不思議」を理解し、了解するほかなかったのである。

枯死から発芽の過程が地中で行なわれることを、エジプト人は暗い世界、つまり、冥界で行なわれる、と思った。それは、太陽が没しても（＝死、枯死）、朝になると、また昇ってくる（＝再生、発芽）という自然現象とぴったり一致する。太陽も夜という暗い世界に入って、そこで再生の準備をする。植物も同じで、暗い地下世界で再生の準備をする。

オシリスが死んでも再生するためには、その暗い世界を通過しなければならない。暗いところを通ってはじめて、再び生を得ることができるのである。

そして、男根は生命力を象徴するものである。なぜなら、男根と女陰とが交接すると子が生まれる。女陰とともに、男根は新しい生命を生むもとなのである。男根―生命力のイメージ連想は、太古の昔から普通にあった。そのため、いったん死んだ者が、その生命を再び得るためには、生命を象徴する男根が、いったん暗い所へ入ってゆかなければならない。冥界降りが必要であった。

オリシスの切断された男根が、ナイル蟹、または魚に食べられた、ということは、蟹か魚の胎内に入ったことになる。胎内は暗い。そう、見つからなかったオシリスの男根は、暗い胎内に入らなければならない運命にあったのである。そうしてはじめて再生でき、永遠の生を得ることができたのである。

オシリスの男根が見つからなかったとする神話のイメージには、ちゃんとした理由があったのである。冥界こそがその鍵であった。

さて、エジプトのオシリス・イシス神話のイメージ解釈は、これで終わりとすべきであろうか。いや、もうひとつ、どうしても付け加えなければならないことがある。

男根切断は「王殺し」のイメージ

オシリスはエジプトの地上の王でもあった。そのオシリスが二度も殺されたのである。そのことは、どう考えるべきであろうか。

未開人はしばしば彼ら自身の安全と世界の安全すらも、神人すなわち神の受肉である人間の生命と緊密に関連していると信じている。それで当然彼らは、自分たちの生命はたといどうなろうとも、このような人物の生命に最善の注意を怠らないのである。(……)もし自然の運行がこの神人の生命に依存しているとすれば、徐々にやって来る彼の力の衰弱と、死による力の最終的終熄から予想される破局は、まことに思い半ばに過ぎるものがあるからである。このような危険を避ける方法はただひとつだけである。彼の力の衰弱の兆候が現われはじめるや否や神人を弑殺して、襲って来る衰弱によって魂がひどく害われぬ前に、それを活発な後継者に転移しなければならないのである。(……)彼の自然的勢力の衰退する前に弑殺することによって、世界が神人の衰弱と共に衰弱することのないようにする。それで、神人がなお強壮なうちにこれを殺し、その魂を若々しい後継者に転移することによってすべての目的は達せられ、すべての危険は避けられるのである。(フレイザー『金枝篇』永橋卓介訳、岩波文庫)

有名な「聖王殺し」の場面である。「自然の運行」とは、自然界のあらゆる現象を指し、四季折々の天候の転変は言うまでもなく、食べるものの多寡、病魔や災厄、そして生と死、人間の生をめぐるあらゆる条件のことである。ところが、それらがすべて統治者たる王の責任とされたのである。そのため、王の心身の衰弱はイコール社会総体の衰退と考えられ、衰えた王は殺され、代わりに心身ともに健康な新王が立てられたのである。

社会の盛衰は統治者の責任である、とする考えは今日でもしばしば言われるが、呪術的社会、つまり超自然的な神秘の力に頼ろうとする傾向があった太古の社会において、そうした考えが支配的であったことは、十分に考えられる。見える自然界の現象は見えないさまざまな力によるもの、という考えがあったから、呪術に頼り、その呪術の儀式を司る王たる者の力そのものが問われるのは当然であった。

そして、そうした王の衰弱を計るバロメーターになったのが、男根なのである。萎《な》えた男根は、王の統治力の衰弱そのものを直截に表わすものであった。なぜなら、男根―生殖―子孫を増やす―繁茂―豊作というイメージ連想がごく自然であったから、萎えた男根は、ずばり、凶作をイメージさせ、人々を貧苦に陥れると見なされたのである。

そのため、王の男根が萎えると、すぐさま、その男根は切り落とされる運命にあった。それは王の絶命を意味した。王殺しである。

エジプト神話でオシリスが殺され、その男根だけが見つからなかったという話は、この「王殺し」をそのまま言っている、と見てもいい。砂漠の地エジプトは、ナイル川の氾濫のおかげで、豊かな農作物に恵まれ、そのため、世界で最も早く文化を高度なものとしたことは事実であるが、そのエジプトでも「王殺し」は必要とされたのである。

統治者の力が問われる。若くて強い力が望まれたのである。このことは、古今東西、変わらないことで、現代では「王殺し」そのものはないけれども、統治者が交代させられるのは、ごくあたりまえである。エジプト神話にある「男根切断―王殺し」のイメージは、本質的には現代にも生きているると言えるのではなかろうか。

英雄待望論。そう、これはいつの世にもある。最近では、「強いロシア」を強調したプーチンが大統領になった。悪い例ではヒトラーを挙げることができるであろう。第一次世界大戦に負けたドイツは、その後の復興と賠償金支払いのため、不況のどん底にあった。ドイツ社会の疲弊はその極にあった。当然、国民の間には、英雄待望論があった。そこに現われたのがヒトラーである。ある意味では、ヒトラーは出るべくして出た人間と言えるかもしれない。雄々しい男根を持った者、それが英雄なのである。

王殺しは、裏返すと、英雄待望論となる。イメージの逆転は容易なのであり、それはイメージの持つ宿命とも言えよう。萎えた男根を切断することは、たくましい男根を待望することにつながる。

フレイザーの叙述は、未開社会の無知による悪弊、と見なすこともできる。しかし、イメージ連想の面から捉えれば、それは不変のもの、古今東西にわたる人間世界のあり様《よう》をすばり表わしているものとも考えられるのではなかろうか。

コーヒー・ブレイク　欧米人はなぜ男根を隠さないのか

男根の話をしてきたせいか、頭の隅に、ふと、欧米のヌーディスト・ビーチのことが浮かんできた。その話を、お遊びとして触れてみたいと思う。

欧米のヌーディスト・ビーチは有名で、とくに地中海沿岸とアメリカ西部の海岸は、日本でもよく宣伝されている。

筆者が初めてヌーディスト・ビーチに、偶然、足を踏み入れたのは、昭和五十三年、オランダのハーグにおいてであった。

ハーグにあるマウリッツハイス美術館で、レンブラントの『トゥルプ博士の解剖』や、フェルメールの『デルフトの眺望』、『ターバンの娘』など、十七世紀オランダの名画を観賞したのち、ハーグ駅に引き返したところ、ちょうど列車が到着したばかりなのか、多数の人々が駅前から出る市電に乗ろうと行列をつくっていた。あまりの人の多さに、何かあるのかもしれないという好奇心にかられて、その行列の尻尾についてみた。

四台ばかり待って、ようやくのこと電車に乗ることができた。ハーグの市電は一路線。市電はひたすら市内を通り抜け、途中の駅では誰ひとり降りる者もなく、やがて終点に着いた。見ると、眼前には北海の景観が一面にひろがっていた。スヘフェニンヘン海岸である。

海水浴を楽しむために人々は来たのか、と思って、一緒に降り、海岸へと歩いていった。

北欧の夏にしては、珍しく、太陽が燦々と照り、風もない暖い日であった。そして、北海は波頭も見せず、凪いでいた。靴と靴下を脱いで、波打ち際を歩いていった。頬に当たる潮風は心地よく、名画を見たあとの満ち足りた気持もあって、心は透徹していた。

しかし、北海の水は冷たいのか、海水浴を楽しんでいる人は数えるほどしかいなかった。人々はみな砂浜に腰を下ろし、海水着ひとつで日光浴を楽しんでいた。

歩いて七、八分。思わずそこで足をとめてしまった。見てはいけないものを見た、入ってはいけない所に入ってしまった、という思いに衝撃を覚え、足がすくんでしまったのである。

数百人にも及ぶ老若男女が全裸で日光浴を楽しんでいたのである。しかも、ほぼ全員が仰向けの姿勢をとっていて、女性のなかには両足の膝を立てている者もいて、いやでもその秘所が目に入ってくる。

あわてて立ち去ろうとした。ヌーディスト・ビーチにはプライヴェートのものもあり、会員でなければ入れないところもある、と聞いていたからであった。

しかし、よく見ると、着衣の人がそのヌーディストたちの間を歩いているし、また、上半身だけ裸になった人もいることに気づいた。誰でもかまわないのだな、と思って、思い切って、ヌーディストたちの間を縫うように歩いていって、適当な場所を見つけて腰を下ろした。

周囲は全裸の人ばかり、しかし、筆者にはそれができない。文化の違い。そう思うと、そのことについて考えこんでしまった。

今の日本では、日本人は銭湯や温泉ではその陰部をタオルで隠す。しかし、戒律の厳しいイスラム教徒は別だが、キリスト教国の人々は陰部を隠さない、とよく言われるし、彼らは日本人のそうした習俗を不思議に思っている、とも言われている。なぜであろう。

ひとつ考えられることは、ヨーロッパ文化にはギリシア・ローマの文化の流れが、今なおあるということであろう。周知のように、ギリシア文化にはおおらかさがあった。裸を禁忌とするような狭量さには遠かった。それは、ギリシアの今に残る彫像（図6）や黒絵式アンフォラ（図7）や赤絵式壺を見れば瞭然であろう。

裸は人間の自然体。そうした考えは、ローマ文化にも受け継がれ、ローマ帝国は、その軍を進めた各地に、大浴場を築いた。ヨーロッパにはその遺構が今なお見られる。ローマ人は、その大浴場で、男女が誰憚《はばか》ることなく、裸の付合いをしていたのであろう。裸を見せること、陰部を隠さないことは、恥ずかしいことでもなんでもなかったのである。

それが、途中で切れてしまったのである。紀元三一三年に、ローマ帝国は「ミラノ勅令」を発して、それまで禁教としていたキリスト教を公認し、ついで三九二年にローマ帝国の国教とした。キリスト教文化がヨーロッパを支配する時代となったのである。

図8　マザッチオ『楽園追放』

図6　プラクシテレス『ヘルメス』
（前325年頃）

図7　黒絵式アンフォラ

キリスト教文化の特長は、とても簡単には言い表わせないが、こと裸に関していえば、例えば修道院生活を考えれば分かるように、むしろ禁欲的で、そのため、裸は文化から消えざるを得なくなった。裸であることは、よしとされなくなった。

ところが、そこにルネサンス運動、ギリシア・ローマ文化への回帰が始まったのである。当然、裸の禁忌は解かれ、神中心から人間中心へと文化は転換することになった。

今日、欧米各地に見られるヌーディスト・ビーチは、そうしたヨーロッパ文化の長い大きな流れの延長と見ていいのかもしれない。

しかし、もうひとつ考えられることがある。次の文章を見てもらいたい。

主なる神は、土（アダマ）の塵《ちり》で人（アダム）を形づくり、その鼻に命の息を吹き入れられた。人はこうして生きる者となった。主なる神は、東の方のエデンに園を設け、自ら形づくった人をそこに置かれた。主なる神は、見るからに好ましく、食べるに良いものをもたらすあらゆる木を地に生《は》えいでさせ、また園の中央には、命の木と善悪の知識の木を生《は》えいでさせられた。（……）

「人がひとりでいるのは良くない。彼に合う助ける者を造ろう。」

（……）主なる神はそこで、人を深い眠りに落とされた。人が眠り込むと、あばら骨の一部を抜き取り、その跡を肉でふさがれた。そして、人から抜き取ったあばら骨で女を造り上げられた。(……)
こういうわけで、男は父母を離れて女と結ばれ、二人は一体となる。
人と妻は二人とも裸であったが、恥ずかしがりはしなかった。

ご存知、『旧約聖書』の「創世記」の冒頭にある一節の抜粋である。「二人とも裸であったが、恥ずかしがりはしなかった」という個所にご注目いただきたい。

その後、エバは蛇にそそのかされて、神から、食べてはいけない、と言われていたエデンの園の中央に生えている木の果実を取って食べ、男にも食べさせた。「原罪」である。

二人の目は開け、自分たちが裸であることを知り、二人はいちじくの葉をつづり合わせ、腰を覆うものとした。

原罪を犯したために、アダムとエバは、裸を恥じるようになり、腰を覆った(図8)。つまり、陰部を隠すようになったのである。

おそらく、欧米のキリスト教圏にいる人であれば、この『旧約聖書』の個所は知っていることであろう。とすると、陰部を隠すということは、自分が罪を犯したから、と考えてしまうに違いない。自分を正しいと思う人は、当然、陰部を隠さなくていい。

はっきり意識されているわけではないけれども、全裸でいる人の心の中に、無意識に近い形でそうした思いが働いているのかもしれない。ある社会の倫理観というものは、それなりの歴史的背景のもとに形成され、そして、人々を支配するものなのである。

さらに考えられることは、十八世紀のフランスの啓蒙思想家であるジャン＝ジャック・ルソーの「自然に還れ」という主張の影響である。民主主義を唱えてフランス革命の先駆者となり、また、ロマン主義、自由主義の父とも言われたルソーのこの発言は、ヨーロッパ世界の人々の考え方に多大な影響を及ぼすことになった。

ヌーディスト・ビーチは、その「自然に還れ」の線に沿った人間解放の一齣かもしれない。着衣＝文化からのひとときの解放として、脱衣（全裸）＝自然の世界に、人間はときに逃げたくなるのかもしれない。着衣＝文化が高度になればなるほど、人間は脱衣（全裸）＝自然の世界に、反動的に身を置きたくなるのかもしれない。

明治政府による儒教政策の影響もあったためか、近代の日本人はどうしても「恥」の意識を持ち続けざるを得ず、そのため、自分の陰部を無意識のうちに隠してしまうのであろう。それは「絶対者」なる者を持たなかった文化の宿命なのかもしれない。人間解放が高らかに唱えられたのは、絶対者との飽くなき対峙があったからこそ可能であったということは言えると思う。

さて、ヌーディスト・ビーチが、なぜ欧米のキリスト教圏にあるのかの理由について三つばかり挙げておいたが、文化史を専攻する人からみれば、それは太陽と生命の讃歌にすぎない、と言われるかもしれない。
私見は、コーヒー・ブレイクの余興、あるいは、本書のご愛嬌と取っていただいて結構です。

ところで、そうしたヌーディスト・ビーチが、いつ頃から欧米の世界に現われたのかについては、筆者は知らない。しかし、北欧の画家エドワルド・ムンク（一八六三—一九四四年）の絵のなかに、『水浴する男たち』（三部作）がある（図9）。この絵は青年、成人、老人たちのヌーディスト・ビーチでの全裸の姿が描かれている。製作年を見ると、一九〇七年から一九〇八年となっている。とすると、案外、ヌーディスト・ビーチは十九世紀にすでにあったものかもしれない。百年以上もの伝統の上にあるものなのかもしれない。そう思うと、そうしたビーチを持つことは当分考えられない日本の文化とヨーロッパ文化との違いは、口では言えないほど大きいものなのかもしれない。

最後にもうひとつ。ヌーディストたちの姿をオランダのハーグの海岸で見たことを思い出すたびに、必ず脳裏に一枚の写真が浮かんでくるのである。

それは、第二次世界大戦終了と同時に公開報道されたもので、ドイツのブッヘンバルト強制収容所の屍体置場の写真である（図10）。収容所の全容ではなく、その一部を写したもので、数十人の男性の全裸の屍体が、まるで丸太ん棒を並べたように置かれている。屍体はすべて骨と皮で、肋骨は丸見え、腹部はすっかり凹み、大腿骨も脛骨も露わである。それらは、見るも

図9　ムンク『水浴する男たち』(▲▶)

図10　強制収容所の屍体置場
(『シリーズ20世紀の記憶』毎日新聞社より)

無惨に痩せこけ、非道の極の地獄図としか見えない。陰毛はすべて、虱《しらみ》退治のためか、剃り落とされ、そのため、当然すべての男根はむき出しのままである。

ところが、驚くべきことに、全身の肉がすっかり落ち、骸骨さながらであるのに、それらの男根は生きていた当時のままの巨根で、それこそ、ちょっと触れると勃起するかのようである。

人間の体というものは、全身がどんなにやつれ果てても、いや、死んでも、生殖機能を司《つかさど》る男根だけは、決して萎えることはないのであろうか。

着衣＝文化は脱衣（全裸）＝自然を凌辱し、挙句の果てには、殲滅する。着衣はホロコーストを内包し、いつでもその牙を脱衣（全裸）に向け、玩《もてあそ》び、絶滅しようとする。現代は着衣の全盛期、ホロコーストは地球上のすべての生物に向けられていて、そのため、絶滅の危機にある種は数え切れない。

しかし、着衣によるホロコーストは、天に唾するかのように、いつかは人間すべてに向けられるかもしれない。ナチスによるホロコーストは、過去のものではなく、今の、そして未来のものとなる恐れは十分にある。

強制収容所の屍体の生々しい男根は、いったい何を象徴しているのであろうか。着衣＝文化は全能ではなく、それが人間にとってのすべてでないことの証《あかし》なのであろうか。

そういえば、ハーグで見たヌーディスト・ビーチは、奇妙な静けさに支配されていた。潮騒がかすかに耳朶《じだ》に触れるだけ。全裸の人々はひとりとして声も発せず、ひたすら、陽光に身を晒して、ひっそりとした息遣いをしているのみであった。

　全裸の世界の静寂さは何かを物語っていた。それぞれの人は、それぞれの裸体を誇るでもなく、また、恥じらうでもなく、老いも若きも、その性器を陽光のそっとした手触りに任せ、それを楽しんでいるかのようであった。

　しかし、あの脱衣（全裸）の人々も、やがて、着衣して家路につく。そして、再び着衣＝文化の世界に戻り、今日一日の脱衣（全裸）＝自然の世界にあった自分を、微かな思い出として懐かしむことはあっても、そうした自己を自己の全存在とし続けることは、到底できないであろう。所詮、人間が脱衣（全裸）の世界を楽しめるのは瞬息の間でしかないのであろう。

それでは本文に戻って、次に冬至のことを取り上げよう。これまで述べてきたエジプト神話と関わりがあるからである。

オシリスの男根は冬至の日に切断された――クリスマスはなぜ十二月二十五日なのか

オシリスの男根がなぜ切断され、そして見つからなかったかの話はした。

その男根が切断されたのは冬至の日であるとする説がある。なぜ冬至の日でなければならないのか。

冬至の日は、周知のように、昼が最も短い日である。つまり陽光の射す時間が一年でいちばん短い日である。そうした日が、オシリスの男根切断の日とされるには、それ相当の理由があるのである。

昼が最も短いということは、太陽の力が最も劣えたことをイメージさせた。冬至さえも、古代の人々はイメージでとらえていたのである。太陽という天空でいちばん明るく、しかも地上に温暖をもたらすものの力が劣えるということは、天空神の衰弱を意味した。

オシリスは地上の王であった。王の力の劣えは、天空神の力の劣えになぞらえられた。王の力を象徴する男根が萎えることは、陽光の萎えることと等しいとイメージされたのである。そのため、オシリスの萎えた男根を切断する日、つまり王殺しの日は、冬至の日とされたのである。

これは地上の世界のもろもろが天空神に支配されるとする古代の宗教観の現われと認められよう。天空神の力の劣えイコール地上の王の力の劣えと見られたのである。

今では、冬至の日は十二月二十二日頃である。しかし、古暦では十二月二十五日とされた。暦法の古今の違いは致しかたないことである。文化の進歩に関わるからである。

冬至は十二月二十五日。そう、それで思い出されるのは、この日がクリスマスの日であるということである。

冬至が、太陽の力が最も劣える日であるとするイメージは、考えようによっては、別のイメージをも呼び寄せることができる。イメージの転換は容易なのである。そのため、冬至の日、十二月二十五日がクリスマス、つまり、イエス・キリストの生誕の日となったのである。それはなぜか。

イエス生誕の日

イエスは今から二千年ほど前に生まれたユダヤ人である。父はヨセフ、母はマリアである。

その頃は、世界のどこでも、今日のように、子供が生まれると出生届を出すということはなかったであろう。法の整備はそれほど進んでいなかったからである。イエスの場合も何年何月何日に生まれたのか、知ることはできない。証明するものが何ひとつないからである。

イエスの言動を詳細に記している『新約聖書』を見ても、イエスの生誕について記しているのは「マタイによる福音書」一・一八—二五と、「ルカによる福音書」一・二六—三八のみである。ここにマタイのものを引用してみよう。

イエス・キリストの生誕の次第は次のようであった。母マリアはヨセフと婚約していたが、二人が一緒になる前に、聖霊によって身ごもっていることが明らかになった。夫ヨセフは正しい人であったので、マリアのことを表ざたにするのを望まず、ひそかに縁を切ろうと決心した。このように考えていると、主の天使が夢に現れて言った。「ダビデの子ヨセフ、恐れず妻マリアを迎え入れなさい。マリアの胎《たい》の子は聖霊によって宿ったのである。マリアは男の子を産む。その子をイエスと名付けなさい。この子は自分の民を罪から救うからである」。このすべてのことが起こったのは、主が預言者を通して言われていたことが実現するためであった。「見よ、おとめが身ごもって男の子を産む。その名はインマヌエルと呼ばれる」。この名は、「神は我々と共におられる」という意味である。ヨセフは眠りから覚めると、主の天使が命じたとおり、妻を迎え入れ、男の子が生まれるまでマリアと関係することはなかった。そして、その子をイエスと名付けた。

これだけである。イエスの生年月日はどこにも記されていない。記されているのは、イエスは父母が結婚する前、つまり夫婦の営みをする前に、すでに母マリアの胎内にあったことと、母がイエスを身ごもったのは聖霊によってであるということと、民を罪から救うために生まれたことだけである。処女懐胎と、イエスが救い主としてこの世に生を享《う》けたことだけなのである。

さらに、「ルカによる福音書」から、二・一以下を引用してみよう。


そのころ、皇帝アウグストゥスから全領土の住民に、登録をせよとの勅令が出た。これは、キリニウスがシリア州の総督であったときに行われた最初の住民登録である。人々は皆、登録するためにおのおの自分の町へ旅立った。ヨセフもダビデの家に属し、その血筋であったので、ガリラヤの町ナザレから、ユダヤのベツレヘムというダビデの町へ上って行った。身ごもっていた、いいなずけのマリアと一緒に登録するためである。ところが、彼らがベツレヘムにいるうちに、マリアは月が満ちて、初めての子を産み、布にくるんで飼い葉桶に寝かせた。宿屋には彼らの泊まる場所がなかったからである。


以上であるが、この箇所には「住民登録」のことが書かれている。しかし、それが実行されたかどうかは、ここを読むかぎりではっきりしないし、その住民登録とは実際どのようなものであったのか、また、各住民の生年月日が記されたものであったのかどうかもはっきりしない。

とにかく、イエスの生年月日を特定しようにも、その拠るべきものが何もないのである。

前に述べたように、キリスト教は初期の弾圧された時期を経たのち、ようやく三一三年に、コンスタンティヌスとリキニスの両皇帝のミラノでの協議の結果発せられた「ミラノ勅令」により、合法的な宗教と認められ、ついで、三九二年にローマ帝国の国教とされた。

イエスの使徒たちによって興されたキリスト教は、このときから広く西欧世界に浸透してゆくことになったのである。

しかし、そうしたキリスト教も、いろいろと難しい問題を抱えていた。そのひとつに、イエスの生誕の年月日があった。

前々からキリスト教徒の間では、イエスの誕生日をいつにするかは議論されていたようで、初期の頃には、一月一日とも、一月六日とも、また三月二十七日とも、さまざまな日が特定されて、それぞれの日にイエスの生誕を祝っていたと言われている。

それでは、クリスマスを十二月二十五日としたのは、言葉は悪いが、いちおうそういうことにしておこうということで決められたものなのであろうか。そう、そのとおりなのである。

それでは、いったいなぜこの日をわざわざ選んで、イエスの生誕の日としたのであろうか。

そのことに触れる前に、ひとつ言っておきたいことがある。いつ頃そう決められたかである。

その時期は、キリスト教が認められた西暦三一三年より後、そして四〇〇年より前、という説が有力であるようだ。教皇ユリウス一世（在位三三七―三五二年）のときであったという説があるかと思うと、コンスタンチノープルの司教で、雄弁な神学者であったため「黄金の口のヨハネ」と言われた聖ヨハネ・クリュソストモス（三四七?―四〇七年）がそう決めたという説もある。また、三五四年にローマの司教によって編纂された記録に、十二月二十五日にイエスがベツレヘムに生まれたと記されている、という説もある。一方、それらよりずっと早く、ローマのヒッポリュトスという名の著作者（一七〇—二三六年）が考えた、とも言われている。これは信憑性が薄いけれども、彼の説によると、三月二十五日がイエスが十字架刑に処せられた日（この日は、また、天地が創造された日とも昔から言われていた）であるが、それと同時に、天使ガブリエルがマリアに「受胎告知」をした日でもあり、そのため、その日から十カ月目の十二月二十五日こそがイエスが誕生した日になる、という。

いずれにしても、四世紀末までには、クリスマスは十二月二十五日と確定されたことは間違いないようである。

では、次に本題に入って、なぜ十二月二十五日でなければならなかったのであろうか。

キリスト教がローマの皇帝によって公認されるまで、ローマで比較的多くの人々が信仰していた宗教は、ペルシア起源の神ミトラスを祭神とするミトラス教であった。そして、ローマ以外の他の土地でも、例えばゲルマン民族や北欧の人々もそれぞれ土俗的な信仰を持っていた。キリスト教徒たちは、そうした人々に自分たちの信仰するキリスト教をひろめるためには、そうした人々が古来信仰している宗教を根こそぎ棄てることを強要することは得策でないことは十分に承知していた。そんなことをすれば反撥を招くだけだ、ということは明らかであったからである。

キリスト教徒がとった道は、習合、つまり相異なる宗教を折衷し、調和させることであった。そのひとつが十二月二十五日であったのである。ミトラス教徒にとっても、また北欧の人々にとっても、この日は特別の日であった。

まず、ミトラス教。

エジプト人は前述したように、この日をオシリスの男根が切断された日とイメージしたが、古代のローマの人々も、この冬至の日に至るまでだんだんと陽の射す時間が短くなり、そして冬至の日を過ぎると、今度は逆に陽の射す時間がだんだん長くなってゆくことに気づいた。

これは自然現象で、今では天文や気象に関心があれば、小学生でも科学的にいとも簡単に説明できる。しかし、古代ローマの人々は、この現象を「不思議」と見た。理由が分からないからである。だが、昔の人々は分からないものは、分からないなりに納得しようとした。そうした思いこそが、イメージを媒介にした神話や伝説を生み出す素地なのである。

陽の射す時間がだんだん短くなるのを、昔の人々は、太陽が死んでゆくものとイメージしたのである。ところが、十二月二十五日を限りとして、その死にかけていた太陽が再び息を吹き返したように、今度は陽の射す時間が長くなってゆく。それを見た昔の人々は、それを太陽の再生と思った。これこそ、イメージによる理解であった。

死にかけたものが生き返る。しかも、それが、毎年、きまって繰り返される。太陽は死なない。そう、不滅なのである。

自然現象の「不思議」はそのようにイメージされて、そして神話化され、人々を納得させた。イメージの持つ力なのである。

そのため、古代のローマの人々は、十二月二十五日を「不滅の太陽の生誕の日」（ラテン語でいうと、Dies Natalis Solis Invictus）とした。「不滅の太陽」、この言葉はキリスト教徒の心を捉えずにはおかなかった。

太陽、つまり光は、「創世記」一・二にあるように、神の「光あれ」という言葉によって生まれたものであるが、キリスト教徒にとっては、イエスは「まことの光で、世に来たすべての人を照らす」（「ヨハネによる福音書」一・九）光であった。そして、イエス自身も、「わたしは世の光である。わたしに従う者は暗闇の中を歩かず、命の光を持つ」（同、八・一二）と言っている。さらに、イエスは、「神の栄光の反映であり」（「ヘブライ人への手紙」一・三）、「唯一の不死の存在、近寄り難い光の中に住まわれる方」（「テモテへの手紙 二」六・一六）であった。これもまた、イメージの世界である。

以上、引用した聖書の箇所を見れば分かるとおり、イエスこそ「まことの光」、「この世の光」、「不死の存在」であったのである。キリスト教徒の胸の奥深くには、こうした聖書の文言が色濃く刷り込まれていたに違いない。イエスこそ「不死の光」、つまり「不滅の太陽」であったのである。キリスト教徒の心性は、十二月二十五日が異教徒の祭日であったとしても、それに傾いてゆかざるを得なかったのである。

そして、ローマには、この他にも異教の祭りが十二月にあった。「サトゥルヌスの祭り」（農神祭）である。この祭儀の祭神はサトゥルヌス（種まく者、の意）で、古代ローマの農耕神である。父ゼウスに追われたサトゥルヌスはローマにやってきて、カピトリヌスの丘に町を建設し、そこの王となり、人々に農業をはじめとしてさまざまなことを教え、善政をしいたという。ローマの人々は、彼を祀り、その祭儀を「サトゥルナリア」と呼び、十二月十七日から一週間、飲めや歌えの大騒ぎをした。奴隷たちも、この期間だけは解放され、ともに楽しんだという。

ローマの人々はこうした祭りによって、一年の苦しかった労働の疲れを癒し、無事に過ごせたことを神に感謝したのであった。

イエスの誕生を祝い、そして喜ぶには、十二月が最もふさわしく思えたのも無理のないことであった。収穫の終わった後でもあったからである。

さらに、ゲルマン民族をはじめとする北欧の人々の間でも、古代、冬になるとある祭儀が行なわれていたようである。今では英語でYule《ユール》と言われているものである。十二月に行なわれた祭りである。

確かなことは明らかではないようであるが、キリスト教が入ってくる以前からの祭儀で、収穫祭に相当するものであった。その年の農作業や牧畜作業が終了すると、その労をねぎらって、各家庭の人々や親族たちがあい集《つど》って、牡豚を供養し、飲み、かつ食べながら楽しい宴を張り、豊饒への感謝と祈りを捧げたという。一年の締め括りであった。

このように、ローマや北欧では、キリスト教が成立する以前から、十二月になると、一年を総括する意味で、盛大な祭りが行なわれていて、人々が最も喜び、感謝の祈りが捧げられていた。キリスト教徒がそれを見逃すはずはなかった。

かくして、イエスの誕生を喜び、イエスの救いを祈る日として最もふさわしい日として選ばれたのが、十二月二十五日であったのである。

クリスマスが十二月二十五日と確定されたいきさつは以上のとおりである。

暦の上で、クリスマスが十二月二十五日と定められたのも、もとを正すと、イメージ連想の働きがあったからと分かる。死にかかっていた太陽が、十二月二十五日を限りとして、息を吹き返し、陽の射す時が長くなる。「不滅の太陽の生誕」とイメージしたのである。


ところで、世の常識となっていることで、それがイメージ連想によるものがなんと多いことか。神、霊魂、妖怪、不死と永遠、成人式、葬儀、吉凶、奇数が吉で偶数は凶、そのため香港の租借年数は九十九年間、国旗などなど。身の周りを考えれば、イメージ連想によってこの世に立ち現われたものは、数知れないと言っていいであろう。

人間は、今、高度の技術を発達させた。そうした技術を開発した人々の話を聞くと、イメージ連想によって、ふと思いついたと言う人が多い。昆虫の足の動きを見て極小のロボットに思いをいたし、それを医療技術に応用しようとしている人。古くは、空飛ぶ鳥を見て、飛行機をつくろうとした人。未開社会でつくられたものを見て、芸術の本質をイメージした人。光と影を見てキアロスクーロ（明暗法）をイメージし、それによって動的な三次元の世界を絵画に実現した人。ひとつの進歩にいろいろとイメージ連想が働くときもある。イメージの力がなければ、今日の人間社会はあり得なかったであろう。

腿の間に手を入れて誓う

オシリスの男根が冬至の日に切断されるという話から、だいぶ話がそれてしまった。それは、イメージ連想の持つ力とでもいうべきものを強調したかったからである。

そこで、ここでもう一度、本書の出発点に戻ろうと思う。つまり、海賊船の旗の話を、今一度、振り返ってみよう。まだまだその旗について述べるべきことがあるからである。

ひとつは、海賊船の旗に見える大腿骨がペニス、つまり男根を表わすと言ったが、そのことをもう少し突っ込んで考えてみたいと思う。

大腿骨は腿の骨、言うまでもないことである。ところが、腿のことを思うと、すぐに頭に浮かんでくるのは『旧約聖書』の一節なのである。

「手をわたしの腿の間に入れ、天の神、地の神である主にかけて誓いなさい（……）」（「創世記」二四・二―三）

イスラエル人の祖アブラハムが、我が家の全財産を任せている僕《しもべ》である老人に向かって言った言葉である。そして、さらに――

「もし、お前がわたしの願いを聞いてくれるなら、お前の手をわたしの腿の間に入れ、わたしのために慈《いつく》しみとまことをもって実行すると、誓ってほしい……」（「創世記」四七・二九）

イスラエルというアブラハムの孫に当たる人が、死ぬ日が近づいたときに、息子のヨセフに言った言葉である。

以上、『旧約聖書』からふたつの個所を引用し、「腿の間に手を入れ」てする誓いを紹介したが、もちろん、腿の間に手を入れるということは、ペニスに手を当ててという意味である。男根にかけて誓うのである。

何かにかけて誓うということは、現在この世においても行なわれ、口にされていることであるが、ペニスにかけて誓うということは、今はない。嘲笑を買うだけであろう。

聖書を見ると分かるが、ユダヤ人は、ペニスにかけて誓うだけではなく、その他いろいろなものにかけて誓っている。

「わたしは自分にかけて誓う」（「イザヤ書」四五・二三）、「この地で誓う人は真実の神によって誓う」（「イザヤ書」六五・一六）、「偉大な者にかけて誓えなかったので」（「ヘブライ人への手紙」六・

一三）、「右手を天に上げ、世々限りなく生きておられる方にかけて誓った」（「ヨハネの黙示録」一〇・五―六）、「その（祭壇の）上の供え場にかけて誓えば」（「マタイによる福音書」二三・一八）などといろいろある。

　面白いのは、「右手を天に上げ」て誓うことであろうか。今でも、さまざまなスポーツの開会式などの冒頭、選手宣誓をするとき、宣誓者は必ずといっていいほど、右手を上げてやるが、それが今から二千年以上も前のユダヤ人の間で行なわれていた風習と知ると、意外と古くからのものと驚く人もいると思う。

　しかし、ユダヤ人が右手を天に向かって上げるのは、それなりの理由があったのである。周知のように、ユダヤ人は唯一神ヤハウェ（エホバ）を信じていた。そして、この地上にイスラエルの民のための神の国を建設しようとしていた。その神ヤハウェは、むろんのこと、天にいる、と信じられていた。そのため、天に向かって手を上げるとは、そのヤハウェに向かって上げることなのである。従って、その行為は「絶対」を意味したのである。

　しかし、今日のそうした行為は、形の上では同じでも、意味するものが違うのではなかろうか。その由来について知ることなく、現代、行なわれている習俗は、この他にも意外と多い。右手を天に向かって上げる行為は、今日、どういう意味をもって行なわれているのであろうか。筆者には、そのイメージがどうしても伝わってこない。ただ形の上で恰好がいいから、だとすると、それは単に行為の慣れにすぎなくなる。人間の行為には、それなりの意味があるはずで、もしそれがなければ、その行為は形骸化したものと捉えられてもしかたがないのではなかろうか。

イメージ連想には、断絶があったまま、今日に及んでいるものもある。そのため、元のイメージに思いをいたすことも、ときには必要であろう。

「割礼」と「供犠」

さて、話を戻して、「腿の間に手を入れて誓う」という点について、今少し言及してみたい。それが、ペニスにかけて誓う、という意味であることは、すでに述べた。今では恥ずかしくて口にすることなど、とてもできない。しかし、ユダヤ人は口にした。

考えられる理由はいくつかある。古代からの男根崇拝（生殖器への畏敬）の系譜のひとつとも考えられよう。

しかし、ペニスは男性にとっては、なくてはならない身体部位である。とすると、ペニスにかけて誓うということは、絶対的な誓いを意味する。そして、その上、ペニス―生殖―出産―子々孫々とイメージ連想が繋がってゆくから、「ペニスにかけて誓う」とは、「子々孫々にかけて誓う」という意味になる。これは、誓いのイメージとしては、かなり強烈なものである。

もうひとつ考えなければならないことは、ユダヤ人の習俗である「割礼」との関係である。割礼はユダヤ民族特有のものではなく、他のさまざまな民族にも見られるが、世に知られている割礼はユダヤ人とむすびつけて考えられることが多い。

言うまでもなく、割礼とはペニスの包皮を切り取ることである。なぜそうするのかについては、衛生上、または、医学上の根拠が挙げられることもあるが、主たる目的は、前述したイニシエーションにあると考えられる。

古代エジプトでも割礼は行なわれ、とくに祭司たちは決まって受けなければならなかった。それは、宗教的儀礼に携わる身であるから、身体を清める必要があり、恥垢《ちこう》が溜まらないようにするために、包皮を切り取ったのである。全身くまなく清めるというイメージである。

しかし、ユダヤ民族の場合は少し違う。ユダヤ人は、生後八日目に割礼を施した。それは、そうすることによって、神との契約がなされたと考えたからである。ユダヤ教徒のモーセを通しての神との契約は旧約、キリスト教徒のイエス・キリストとの結びつきは新約。この「約」とは契約のことであることは言うまでもない。ユダヤ人はその神との契約を結んだしるしとして、早くに割礼をし、神の祝福の数々が訪れることを期待したのである。

神の祝福を期待してのしるしとしての割礼。これは、まさに、イメージ連想の世界である。神の祝福が訪れるというイメージを、割礼という具体的な行為を通して、現実のものとしたかったのであろう。古代ユダヤ人のそうした心性は、その時代の、その民族の置かれた状況に、現実に身を置かなければ、己れのものとはできないであろう。

古いイメージとして退けることは容易であるが、古いものは古いなりに、社会を活性化したのである。

そう、イメージこそが、社会を、そして人間を活性化するのである。

神はまた、アブラハムに言われた。

「だからあなたも、わたしの契約を守りなさい。あなたも後に続く子孫も。あなたたち、およびあなたの後に続く子孫と、わたしとの間で守るべき契約はこれである。すなわち、あなたたちの男子はすべて、割礼を受ける。包皮の部分を切り取りなさい。これが、わたしとあなたたちとの間の契約のしるしとなる。」(「創世記」一七・九―一一)

そして、「ヨシュア記」五・三―五には次のように記されている。

ヨシュア、自ら火打ち石の刃物を作り、ギブアト・アラロトでイスラエルの人々に割礼を施した。ヨシュアが割礼を施した理由はこうである。すなわちエジプトを出て来たすべての民、戦士である成人男子は皆、エジプトを出た後、途中の荒れ野で死んだ。出て来た民は皆、割礼を受けていたが、エジプトを出た後、途中の荒れ野で生まれた者は一人も割礼を受けていなかったからである。

以上で分かるとおり、割礼とは神との契約を交わしたしるしであり、割礼を受けないと死んでしまうのである。そして、「火打ち石の刃物」で包皮を切った、とあるから、この習俗は大変古くからのものと分かる。

神との契約はペニスの包皮を切ることによって明示されるとなると、その割礼を施されたペニスは、とても大切なものとなる。そのペニスに手を置いて誓うということが、どういう意味を持つかは言うまでもないであろう。この上なく聖なる誓いとなるのである。

しかし、賢明な読者はもうお気づきのことと思うが、神との契約のしるしとして、そしてまた、神の祝福が訪れるようにと、なぜ包皮を切り取ったのであろう。なぜ包皮でなければならなかったのか。当然の疑問である。

古代エジプトのように、神に仕える祭司が、全身くまなく清めるために、恥垢を溜めないようにと包皮を切ったのなら納得はゆく。しかし、古代ユダヤ人は、神との契約のために包皮を切り取ったのである。

それを読み解く鍵は、「供犠《くぎ》」である。

供犠になぜ包皮を捧げたのか

今日、供犠という言葉は、日常的には用いられない。遺風としての力を失ってしまったからであろう。「大いなるもの」への畏敬と恐れを失ったからであろう。

供犠とは、犠《いけにえ》を供《そな》えることである。太古の昔、人間は周囲の自然現象を科学的に解く知識はなにひとつ持っていなかった。そのため、さまざまな自然現象、花が吹くことも、木の葉が秋に枯れ落ちて春に再び芽吹くことも、人が生まれて死ぬことも、暴風雨も、寒暖も、あらゆる自然の現象を「ことの不思議」と思い、ときに畏敬し、ときに恐怖におののいた。そして、太古の人々は、そうした「不思議」の原因を、目には見えないある「大いなるもの」の力によるものとイメージした。不思議なものを、それなりに納得するには、イメージによって了解するしかなかったのである。今日、小学生でも知っている日蝕、月蝕を見ては、腰を抜かすほどおののいたのである。

しかし、太古の人々は、「大いなる」ものの力によるさまざまな自然現象に、ただおののいて、恐怖に打ち震えているばかりではなかった。それに打ち克つ方法をそれなりに模索したのである。そうしなければ、自分の命はいつまでたっても危険にさらされ続けることになることを、本能的に感じ取っていたのであろう。

それでは、どうすればよいであろうか。その方法はひとつしかなかった。「大いなるもの」の荒《すさ》ぶる心を静め、和らげることであった。恐怖の現象をなくしてしまうには、そうした現象を起こすものと思える「大いなるもの」の機嫌を買うしかない、と思ったのである。一神教の成立である。

どうすれば、ご機嫌を買えるか。答えは簡単であった。この世の極上のものを「大いなるもの」の前に供えればよい。それしかないと思った。この世でいちばん大切なものを供えれば、「大いなるもの」の機嫌はうるわしくなり、恐ろしい自然現象も治まると思ったのである。

オシリスの男根が冬至の日に切断された話はした。陽の光がいちばん短くなる日、エジプトの人は、そのまま放っておけば、太陽は死んでしまうと思った。なんとかしなければ太陽は死に、この世は闇となり、万物は死滅すると思った。

それを防ぐいちばん効果のある方法は何かと考えたとき、エジプト人も、この世でいちばん大切なものを捧げて、「大いなるもの」のご機嫌をとるしかないと思った。

いちばん大切なもの。それは、地上の王で植物神であるオシリスであった。オシリス殺しは、前説の他に、供犠でもあったのである。それは人身御供《ひとみごくう》、生贄《いけにえ》として王の身体を捧げることで、それがいちばんだと思われた。

男根切断は人身御供の象徴でもある。そう、王は、男根―交接―生殖―繁茂―豊饒というイメージ連想の上に立つ人物なのである。王こそこの世においていちばん大切なもの。そうした王を捧げれば、国土安泰、国民の幸福が得られる、と考えられたのである。

古代ユダヤ人が生後八日目という早い時期に男児の包皮を切断したのは、こうした人身御供の縮刷版、つまり、ユダヤ人の唯一神との関係をよいものとするための習俗でもあったのである。包皮を神に捧げれば神の祝福が得られる。

包皮としたのは、包皮を切り取っても、人体になんの影響もないからであった。目、耳、鼻、手足、内臓、男根は切り取ると、人は不自由するが、包皮であればかまわない。包皮は人体の象徴であり、それを神に捧げることで、その子は、以後、神の祝福が得られる。

こうした供犠は太古の世界では、いたるところで見られ、供えられるものは、人間ばかりでなく、穀物の初穂であったり、最初に収穫された果実であったり、牡羊や牡鹿であったりと、いろいろであった。人間の長子、つまり初めての子も生贄となったとも言われている。とくに、初めてのものは神のもの、という思いが強かったようである。

今日、日本でも、初ものを神棚に供えたり、男根の張形《はりがた》をかついで祭りをやったり、酒や米や果実を供えて地鎮祭をやって、土地の神に工事の無事を祈ったりするが、こうした習俗は、今まで述べてきた供犠の延長と見ていいであろう。

太古の人々が頭に描いたイメージは、この科学の発達した現代にも生きているのである。それで心が安まれば、科学的根拠のない習俗も許され、人々はその心を預けるのである。


余談をひとつ。

第二次大戦中のナチスによるユダヤ人虐殺のことを、「ホロコースト」と言う。ホロコーストは英語で holocaust と書く。ラテン語の holocaustum に由来するもので、原義は「焼いて捧げるもの」である。それが転じて、「全燔祭《ぜんはんさい》」というユダヤ教の祭りのひとつをさすようになった。全燔祭のとき、ユダヤ人は生贄の動物を丸焼きにして、神に供えたのである。「燔」という漢字は「肉を焼く」という意味である。

なぜユダヤ人が全燔祭をしたかは、もう言うまでもないであろう。大いなる供犠だったのである。

ナチスは何百万人というユダ人を焼却炉で焼き殺した。そのことをユダヤ教の全燔祭になぞらえて、「ホロコースト」と言ったのである。最悪のイメージ連想である。ユダヤ人がこの祭りに込めた思いとはほど遠い、人類史上まれに見る悪逆無道なことであった。

さて、話は大腿骨—腿—男根（ペニス）とイメージを連想させて、進められてきた。寄り道はこれくらいにして、次へ進もう。

性器崇拝のイメージ

このように話を進めてくると、すぐに頭に浮かぶのは、太古の時代からある性器崇拝であろうか。人類のあらゆる文化に共通して見られる現象と言っていいであろう。

日本でも、周知のように、男女の性器を御神体とする民間信仰が多く見られる。挙げると切りがないが、例えば道祖神もそのひとつである。道祖神は「障《さえ》の神」とも言い、悪しき霊の侵入をくい止める神として、村や集落の境に置かれるが、その形が性器であり（図11）、そのため、道祖神は、同時に、豊饒神としても崇拝される。というのも、古来、性器には霊力があるとされ、そのため、外敵を防ぐ力があると見なされて境に置かれたのである。また、性器—生殖—豊饒とイメージが連なって、豊かな実りをもたらすものと考えられたからである。男女二神を併祀する道祖神（図12）が多いのも、男女交合—出産—豊作という連想からであることは言うまでもない。

男女の性器に霊力がある、と考える人は今はいないであろう。なぜなら、そんなものは「ことの不思議」でも何でもないからである。しかし、古代の人々にとっては、豊饒—多産を象徴するものはなんでも崇拝の対象になった。それだけ食べる物を手に入れるのに苦労があったからであろう。

フランスのドルドーニュ県にローセルという所がある。一八九四年にフランス人リヴィエールによって、岩陰浮彫像《がんいんうきぼり》が発見された。それは旧石器時代後期（紀元前三万年頃から二万五千年頃まで）のものとされ、四つの女性浮彫とひとつの男性浮彫があり、「角杯をもつヴィーナス像」（図13）が最も有名である。

このヴィーナス像は裸婦像で、その乳房と腰部がことさらに誇張されている。それは母なる者の特質、つまり新しい命を生む力を強調している、と考えるべきであろう。そして、目鼻立ちは一切ない。顔の造作がないということは、ある特定の女性をこの彫像が表わしているのではなく、女性の普遍的特性、つまり新しい命を生むということだけを表わすことを目的にしたものであるからであろう。

そして、岩壁にこうした彫像を彫った目的も、また明らかであろう。豊饒祈願と新しい命の無事出産への祈り、母なるものの元型、太母《グレート・マザー》神の出現である。

もし人類が何か大いなるものを心に抱いたとすると、このローセルのヴィーナスがその最古のもののうちのひとつであるとしても、おそらく異論はないものと思われる。神なるものの具象化。このローセルのヴィーナスはまさにそれであろう。

そして、腰部の誇張化は、そのまま性器崇拝へとつながる。旧石器時代の人々の心性は、性器の

図13　角杯をもつヴィーナス像

図11　男根形の道祖神（伊藤堅吉・遠藤秀男『道祖神のふるさと』大和書房より）

図14　ヘルメス柱像

図12　男女神の道祖神（同上）

霊力の信仰をなんの抵抗もなく受け入れたに違いない。イメージとして受け入れやすいからである。

そうした性器崇拝のもうひとつの例、しかも日本の道祖神に似たものを挙げてみよう。

ギリシアのヘルメス柱像である（図14）。

この柱像はギリシア神話の神ヘルメスの頭部が柱頭になっていて、手足はなく、ただ柱の中央部にペニス、つまり男根が勃起した形で彫られている。ヘルメスは、オリュンポス十二神のひとりで、神々の使者であり、牧畜、農業、商業、盗賊、街道などの守護神である。

ヘルメス柱像は、もともとは単に男の頭と勃起した男根からなる石柱であった。そして、それは畑や牧場の境界域に置かれて、豊饒・多産と守護を祈るためのものであった。例えばヒヒなどにその典型が見られるが、自分の縄張りを守るために、男根を勃起させて侵入者を威嚇するように、こうした石柱もその勃起した男根が畑や牧場を守るものと信じられて置かれたものであり、また勃起した男根は、そのまま生殖―豊饒のイメージを連想させ、農地や牧場の脇に置いておくのには恰好のものであったのである。

そのうちに、ギリシア神話が体系化され、牧畜、農業、街道の守護の役をヘルメス神に負わせると、勃起した男根を持つ石柱の男の頭の像は、ヘルメスの頭の像に代えられ、そのため、その石柱はヘルメス柱像と言われるようになった。とくに有髯《ぜん》のヘルメス頭部の石柱は、聖域の守護柱としてその入口に置かれることが多かった。

さらに、この石柱は都市文化のなかにも現われ、各家庭の入口に置かれて、家の守護神として、とくに女性の崇拝の対象ともなった。そして、都市の道の辻にも置かれて、道標ともなった。

こうした男根崇拝は今なお遺風としてはあるものの、それにかける人々の心は昔のそれとはあまりにも遠く、今では見世物的、イベント的行事になってしまっている。時代の推移と見れば、いたしかたがないと思うしかないであろう。イメージ連想の世界も様変わりが激しいのである。イメージの稀薄化と言っていい。

海賊船の旗、「ジョリー・ロジャー」も、そうした古代からの男根崇拝の流れのなかに現われたものと見ることができるであろう。人間のイメージの世界は盛衰があり、時代とともに古代のイメージの衝迫は薄れてゆくが、一方で、今日でもその「ジョリー・ロジャー」がいろいろな現象のなかに見られるのを思うと、案外と根強く、人々の心を捉えて離さないようである。筆者は若者のTシャツにそのロゴを見ると、思わず駆け寄って、そのロゴは「陽気なオチンチン」という意味ですよ、と言ってあげたくなるときがある。

骨のイメージ——死を思え《メメント・モリ》

アダムの肋骨から造られたエバ

海賊船の旗のしるしが骸骨であるので、これから骨のイメージについて触れてゆくことにしよう。

骨のフォークロアは数多いが、ここでまず取り上げるのは、先にも挙げた『旧約聖書』の「創世記」の冒頭にある「人が眠り込むと、あばら骨の一部を抜き取り……人から取ったあばら骨で女を造り上げられた」という一節である。

この叙述はフェミニストたちにたいへん評判が悪く、男の肋骨から女を造った、とする一節こそ、男女差別の原点である、といきまくフェミニストもいるという。

言われてみれば確かにそうで、しかも、よりによって肋骨から女が造られた、と言われれば憤慨するのも当然とも思える。

これは、人間がいかにして造られたかの創造神話であって、進化論から見れば論外であるが、新聞報道によると、アメリカでは州によって、学校で進化論が教えられず、今だにこうした創造神話が信じられているところもあるという。

創造神話こそ、まさにイメージの世界の話なのである。客観的・科学的に「ことの不思議」を究明できなかった古代、人々はその不思議を解くにはイメージに頼るほかなかったのである。

『旧約聖書』では、人間の最初の創造は神によるもので、その神が「我々にかたどり、我々に似せて、人を造ろう」と言って、「神は御自分にかたどって人を創造された」のである。

最初の人間がどのようにして造られたかの創造神話は、世界各地の神話にあり、中国の神話では女媧《じょか》という女神が、最初、黄土をまるめてひとりずつ人間を造っていたという。ところが、それでは手間がかかるので、泥の中に縄を張り、その縄をはね上げていっぺんに多くの人間を造ったと言われている。また、アイスランドの神話によると、南端にある火の国ムースペルスハイムでは、流れる川の水には毒素が含まれていたが、北方から流出してきた氷に蔽い隠されてしまった。ところがあるとき、南から熱い大気が吹き送られてきて、その氷を融かし始めた。すると、雫《しずく》が垂れ、その雫の一滴が人間の形となり、巨人イミールとなった。最初の人間の創造である。

この他、人間創造の神話は挙げれば数多いが、本書ではこれくらいにして、最初に言及した「あばら骨で女を造り上げられた」ということについて考えてみたい。

男の肋骨の一本を取って女を造った。これはどう考えればよいであろうか。もちろんイメージ連想なので、そのイメージをどう読み解くかが問われるのである。

現代日本の最も篤学なる旧約聖書研究家、関根清三氏の名著『旧約における超越と象徴』（東京大学出版会）のなかでは、このことに関して、次のように記されている。

現代の日本でも恋愛のことを胸の病などと表現するが、古代オリエントでも胸は愛情の住処と考えられた。アラビアでは「わが心の友」のことを「わが肋骨」と呼び習わすという。だから男が愛する女は、男の愛の宿る肋骨から取られたのだ、と。

首肯できる説であろう。しかし、イメージの世界は、いろいろと解釈される世界である。そこで、今ひとつの解釈を披露してみたいと思う。ただ、『旧約聖書』の専門家でない者の説であることだけはお断りしておく。

男の肋骨から女を造った理由はふたつある。ひとつは、肉を造ってからそのなかに内臓なり骨を入れて造ると、手間がかかってしかたがない。それに対して、まず骨格を造ってそれに内臓を入れ、最後に肉を被《かぶ》せれば、手順としてははるかに容易である。エバを骨から造った、とする神話にも、それなりの根拠はあるのである。「わたしは血をまとめて骨をつくり出し、最初の人間をつくろうと思う。その名は《人《アメール》》だ。」これはアッカド神話『エヌマ・エリシュ』の一節である。

ふたつ目は、なぜ肋骨からなのか、ということであるが、骨から造ろうとすると、どの骨からにするかが、いちばん問題になる。人体には二百に及ぶ骨があるが、小さな骨、例えば小指の骨も考えられないわけではないが、ひとつの人体を造るには小さすぎる。それでは上腕骨や尺骨や橈《とう》骨、そして大腿骨や脛骨、また背骨や頭蓋骨ではどうであろうか。考えてみれば、そうした人体の骨を取ってしまうと、その人の体は不自由する。身体に障害をきたすことになってしまう。エバを造るためにアダムを身体障害者にするのは、神の意志に反する。神は慈《いつく》しみ深いからである。

そこで考えられるのが肋骨なのである。肋骨は数が多いからである。一本くらい取られても、身体は不自由しない。人間の体から取ってもいいのは肋骨だけであって、他の骨では、取られた人が不自由するのである。

アダムの肋骨を取ってエバなる女を造ったのは、神の恩寵なのである。神の慈しみの心の現われ、とも考えられるのではなかろうか。

以上の拙論を読まれた読者は、関根清三氏の高論を取ってもいいし、拙論を取ってもいい。さらに読者自身でイメージを読み解かれてもいい。いずれにしても、イメージの解釈は多岐にわたるであろう。それでいいのである。イメージに内包される条理はさまざまだからである。

アダムの肋骨からエバを造った話は、以上で終わりとするが、聖書を一度でも読んだ人は、きっと「そして、ゴルゴタという所、すなわち『されこうべの場所』に着くと」という『新約聖書』の個所を覚えていることと思う。イエスが処刑された場所は「ゴルゴダ」という地名であったのである。そのゴルコダとは「されこうべの場所」、つまり頭蓋骨の場所という意味で、そう呼ばれたのは、その地が処刑場であったからである。

頭蓋骨―死のイメージは、これを見ても、昔からのものであることが分かる。骸骨は、人間の歴史を通して見ても、常に人間とは深い関わりがあった。それは、人間が死ぬものであるからであり、死ぬと残るのは骸骨だけであるからだ。その骸骨を「ゴミ」と思うかどうかは、それぞれの人によるであろう。そして、人間が死んでも骸骨以外の何かが残る、と考える人もいる。それも、人それぞれの問題であろう。

ダンス・マカーブル（死の舞踏）

しかし、西欧において、人々が骸骨に最も脅えた時代があった。そして図像にその骸骨を最もしばしば描いたのが中世であったのである。

「死にたくない」。それはまるで呪文ででもあるかのように、人々の口から洩れ、願わくば自分にだけは「死」が訪れないようにという祈りは悲痛とも言えるほど切なるものであった。

しかし、どんなに口から呪文を唱えても、医学の未発達な時代にあっては、病いというものは防ぎようがなかった。衛生管理が行き届かないなか、人々はなぜ病いに罹《かか》るのか知らないまま、ただ不安に脅えているのみであった。

それが極端になって、周囲の人々が、それこそバタバタと死んでゆくと、当然、人々はパニックに陥る。神への祈りも空しくなる。絶望は人々の行動を二分する。虚無と快楽である。絶望のあまり、すべてのもの（道徳も含めて）を放棄するか、生きているうちはしたい放題に身を任せて遊蕩に身を持ち崩すか、のどちらかである。

中世、ヨーロッパを襲った黒死病（ペスト）は、まさにこの世を地獄絵の世界にした。その蔓延は瞬く間であり、それがなぜ、どのようにして感染するのか分からないため、上は王侯貴族から一般庶民にいたるすべての人々を恐怖のどん底に落とし入れた。

「死を思え」（ラテン語で memento mori《メメントモリ》）。人々の頭の中にある思いは、これのみであった。

黒死病、つまりペスト pest はラテン語の pestis を語源とする。このラテン語の原義は、不幸、災い、怪物、奇怪といったもので、黒死病はまさにこの原義のように、奇怪で怪物のような災いであったのである。全く原因が分からず、ただただ奇怪としか言いようのない病いであったのである。

このペスト流行の仔細については村上陽一郎氏の好著『ペスト大流行』（岩波新書）にくわしいので、いつ頃、どこで、どのようにして猖獗を極めたかは、この本の記述に譲ることにする。

黒死病は、今では常識となっているが、ペスト菌を媒介として発病するもので、このペスト菌は、もともとネズミなどの体内にある菌であるが、ネズミの体についた蚤がネズミの血を吸うと蚤の体内に移り、その蚤が人間の体に付着すると、その人間に移ることになる。高い熱が出、めまいを覚え、皮膚には黒ずんだ紫斑ができる。当時は、なすすべもなく、ただ死を待つのみで、それこそ業《ごう》病と考えられていた。

このペスト菌は今では学名を Yersinia《イエルシニア》 pestis《ペスティス》と言う。ラテン語である。この Yersinia という名は、スイスのイエルサン（Yersin 一八六三―一九四三年）という人がパストゥール研究所で、一八九四年にペスト菌の正体を突き止めたために付けられたものなのである。同じ年に日本の細菌学者北里柴三郎もペスト菌を発見したが、いささかの不備があったため、北里の名ではなく、スイスのイエルサンの名が学名としては残ったのである。十九世紀の末にやっとヨーロッパ世界を震撼させた病原菌が突き止められたことを思うと、当時の医学の発達と今日のそれとを比較して、学問の進歩の速度の違いを思い知らされ、今日に生きることの幸せを、ほんの少しではあるが覚えずにはいられない。

とにかく、ペストに罹ると、皮膚が黒ずみ不気味な紫斑が現われる。見ただけでも身の毛がよだつ。そのため、人々がいかに恐怖に戦《おのの》いたか、それは今日のわれわれの想像をはるかに超えるものであったようである。まさに、メメント・モリの世界であったのである。

人類の病気の歴史は、たどればもちろん、人類がこの世に現われて以来のものであったであろう。しかし、記録に残っているかぎりでも、黒死病に先んじて、原因不明とされた病いで、八世紀から十三世紀にかけて死んだ人は驚くべき数であったらしい。しかし、それらの病気は単に「熱病」という名で片づけられていた。そして、十四世紀に襲った黒死病の恐怖にくらべると、ものの数ではなかった。とにかく、推測によると、このとき西ヨーロッパの人口の三分の一、いや、二分の一もの人々の命が、黒死病で失われた、と極言する人さえいる。想像を絶するとは、このことを言うのであろう。それが文化に影響を及ぼさずには、当然、おられなかった。その影響の甚大さについては西洋史家に委ねるしかないが、ここでは骸骨について言及することが目的であるので、その面からのみ触れてみたい。

死＝骸骨、当然の連想である。従って、黒死病の蔓延にともなって、骸骨が数々の壁画、版画、写本挿絵、油彩、そして詩文の主題となることになった。

代表的なものだけでも結構多いが、そのひとつとして、ハンス・ホルバインの『死の舞踏』を挙げてみよう。

ハンス・ホルバインはドイツの生まれで、生年は一四九七年とも一四九八年とも言われているが、没年は一五四三年である。『死の舞踏』（一五三八年）は木版画であるが、詳しく知りたい方には海津忠雄編著『ホルバイン　死の舞踏』（岩崎美術社）をお奨めする。ここでは、比較的骸骨がくっきりと描かれている四つの図を紹介しておくことにする。

最初の図は「老婆」（図15）を死へ導くもので、年老いた人間は生きているより死んだ方がましであろうと、二体の骸骨が老婆の手を引いている。次は「伯爵夫人」（図16）を死へ導く場面で、骸骨は死の旅に出る夫人の化粧を手伝っている。次のは「貴婦人」（図17）の場面で、骸骨が太鼓を打ち鳴らしているのは、仲のよい夫婦でも死によって別れねばならない現実、つまり死の勝利を自らが祝福しているのであろう。最後のは「行商人」（図18）の場面で、重い荷物を背負って苦しみ喘《あえ》ぎながら生きてゆくより死んだ方がましですよ、と言いながら骸骨がやや強引に行商人の腕を引っ張っているところである。

こうしたホルバインの木版画を見ても、骸骨が踊っているようには見えない。しかし、骸骨はいかにも嬉しそうに人間の手を引いている。それが踊りに見えなくもない。

死を踊る。そうした形のものとしての文化の起源ははっきりしていないようで、古くからあったとする説がいろいろと言われたようであるが、今のところ、その起源を具体的に示せるもののひとつとしては十三世紀、イタリアのアッシジのフランチェスコという高徳なキリスト者の福音遵奉精神に惹かれて結成されたフランシスコ修道会が、その布教活動の一環として「死についての説教」をしたときに、それを言葉を通して行ないながら、より具体的に分かりやすくするために、宗教劇を見せ、そのなかに、「死の舞踊」らしい一幕を入れたことにある、とする説がある。

しかし、やはり「死の舞踏」の成立に深く関わったのは、十四世紀中頃からの黒死病の恐るべき

図17 「貴婦人」

図15 「老婆」

図18 「行商人」

図16 「伯爵夫人」

蔓延であったのである。
イタリアもその悪疫から逃れられず、悲惨な社会現象を見ることになったが、フィレンツェ生まれのピエロ・ディ・コージモという画家は、そうした死の恐怖を、大鎌を手にした死神の姿で見事に描いて見せた。十五世紀中頃のことであった。以後、各地の謝肉祭において、そうした姿の死神が見られるようになり、その死神は踊り狂ったように大鎌を振り回していたものと思われる（図19）。「死の舞踏」である。

宗教劇と謝肉祭が、「死の舞踏」が行なわれる舞台であった。

ところで、「死の舞踏」のことをしばしば「danse《ダンス》 macabre《マカーブル》」とフランス語で言う。danseは英語のdanceと同じで、macabreは「身の毛もよだつ」とか、「ぞっとする」という意味で、従って、「ダンス・マカーブル」とは「身の毛もよだつ踊り」という意味で、それが転じて「死の舞踏」となったようにも見えるが、それは速断なのである。

「ダンス・マカーブル」という言葉の意義とその起源は、意外や、今なお断定できないようである。「ダンス」はともかく、「マカーブル」というフランス語が難問らしいのである。ただ、骸骨が生者の手を引く図像のことを「ダンス・マカーブル」とフランス語で言うことは常識で、それも、世界に共通したもので、そして、それを広めたのがフランスのマルシャンという出版業者であることは分かっている。マルシャンは、一四八五年、パリの今は跡かたもない聖イノサン墓地の壁画を木版画にして、出版したのである（図20）。そして、その本が広く流布することになった。

墓地が現在なくなっているため、その壁画を確かめる手だてはなにもないが、マルシャンの木版画はそれを忠実に写し取っているようである。見ると骸骨が、ホルバインのそれと同じく、生者を導いている。生者は教皇や皇帝をはじめ、あらゆる階級の老若男女である。つまり、死はすべての人に平等に襲うことを説いているのである。

この本が広く流布した理由は、西暦一五〇〇年という節目の年を目前にした人々の気持が、購買欲をかきたてられたためであると言われている。世の終末が差し迫っている。「最後の審判」を下される年が来たら、自分にはいかなる審判が下されるのであろうか。人々の心はその一点に集中していた。不安とイエスの救いへの願い。生と死に揺れる心を抱いた人々にとって、マルシャンの本は、恐ろしいものではあったが、恐いもの見たさの気持に人々は勝てなかった。売れたのである。

永遠の命を望む　理性あるもの、
死すべき生を　善く終えるにあたり
このすぐれた教えを心せよ
ダンス・マカーブルと　それはいう
ひとりひとりに　ダンスを教える
男にとっても女にとっても　自然なこと
死は小さいものも大きいものも　容赦はしない

（作者不詳、小池寿子訳）

図19　ミレー『死と農夫』

図20　マルシャンの『ダンス・マカーブル』

「ダンス・マカーブル」と、マルシャンのこの本にはっきり記されている。しかし、この「マカーブル」というフランス語は、以後の他の本では、marcadeとされたり、macabréeとされたりしていて、定まっていないのである。それは、「マカーブル」なる語が出所不明のまま用いられたからであった。人名だとする説があるかと思うと、『旧約聖書』に出てくる人物ユダ・マカベアに由来するとする説もあり、さらには、アラビア語のmaqabir（墓場）を語源とする説などあって、さまざまなのである。

しかし、そうしたさまざまに臆測が流れたにもかかわらず、「死の舞踏」をフランス語のdanse macabreで表わすことは、今ではすっかり定着してしまっている。

なぜペストは蔓延したのか――キリスト教vsイスラム教

とにかく、十四、五世紀、人々は恐怖のどん底にあった。死がいつ襲ってくるか分からず、忍び寄るその足音は聞こえない。しかし、その死は、遅かれ早かれ、身辺にやってくる。そして、死を免れる手だてはない。ペストに罹れば、どんなに金があろうと、地位が高かろうと、死は必然。肉体は醜く腐敗し、やがて白骨化する。

イタリアのピサのカンポサント（十三世末のゴシック建築物）の回廊壁面に、作者は不詳らしいが、

『死の勝利』という有名な大壁画がある（図21）。第二次世界大戦で被爆破壊されたが、戦後復元され、見ることができる。

その壁画は一三五〇年頃描かれたとされているが、その一部が「三人の生者と三人の死者」として知られているものである。馬に乗った身分の高いと思われる三人の生者が、棺に入れられている三人の死者を見つめている。いちばん手前の生者は、その腐臭に耐えかねて鼻をつまみ、真ん中の生者は死の恐ろしさに言葉もないのか、手を顔に当て凝然として身じろぎもせず、左端の生者は、三体の死者を指差して「生者必滅」とでも言っているかのようである。そして、左手前の三つの棺に収められている三人は、上から順に、人間は死ぬとこのように腐敗していって最後には白骨化するんですよ、という厳然たる事実を示しているのである。屍体にまつわりついている蛇は死や悪疫を象徴するものの代表で、そのイメージのために死の恐ろしさを見る人に強く訴えている。

この壁画を見た中世の人々は、それを絵画としては見ず、すぐにでも我が身に襲ってくる現実と見て、その場で立ちすくみ、恐怖に戦《おのの》くしかなかったのであろう。

「三人の生者と三人の死者」というテーマについては木間瀬精三氏の『死の舞踏』（中公新書）にくわしいが、とにかく、「死の舞踏」に先立って現われたテーマで、十三世紀のフランスの詩人ボードワン・ド・コンデとニコラ・ド・マルジヴァルの作とされる詩のなかに、それぞれ、三人の生者と三人の死者との対話が書かれていて、絵画はこれらの詩を典拠として描かれたと、通常みなされている。

そのため、このテーマは、かの有名なベリー侯の『小時禱書』の写本挿絵（図22）をはじめとして、いくつもの美術作品のなかに見られる。

とにかく、死は人間の必然と見るより、いつ襲ってくるか分からない恐怖の的、絶望へ駆り立てるもの、としてしか見られなかったのである。ペストという悪疫がもたらした恐怖なのであった。

そのペストがなぜ中世ヨーロッパを何度も何度も襲うことになったのであろうか。

ペスト流行の背後に宗教戦争

前にも述べたように、ペストはネズミを媒介として感染する病気である。そうだとすると、ネズミさえいなければペストは防げる。事実、中世までヨーロッパにはネズミは棲息しなかったと言われている。それが十字軍遠征などをはじめとして、東西交流がさかんになるにつれ、のさばりだし、はびこったのである。もし、中世の人がペストとネズミの因果関係を知っていれば、ネズミ退治に全力を挙げたであろう。しかし悲しいことに、中世の人々はそれを知らなかった。そのため、ネズミは跳梁しつづけることになったのである。

しかし、ネズミには天敵がいる。そう、猫である。猫さえいればネズミ退治は委せることができた。ところが、十六世紀になると、ヨーロッパ世界から猫が姿を消してしまったのである。猫のいない世界はネズミの天国である。ネズミは思うがままに動きまわり、そしてペスト菌をあたりかまわず撒き散らした。そのため、十七世紀にまたペストが猛威をふるうことになった。ヨーロッパの

▲図21 「三人の生者と三人の死者」(『死の勝利』)

◀図22 ベリー侯『小時禱書』の写本挿絵

三分の一以上の人間がばたばたと死んでいったのは当然のことであった。

なぜヨーロッパから猫がいなくなったのか。それは、猫は悪魔である、と言われたからである。いや、そうイメージされたのである。

猫が悪魔？　これは、現在の人には全く不可解なことであろうが、中世ヨーロッパの人々はそう信じ、猫の姿を見れば、たちどころに殺してしまったのである。イメージ連想の恐ろしさである。なぜであろう。

その背景にはキリスト教とイスラム教との対立があったのである。

七世紀に興ったイスラム教は、急速にその勢力を延ばし、それまでキリスト教圏であったオリエント地方やアフリカ北部に浸透し、キリスト教からイスラム教に改宗する国が続出した。そのため、キリスト教会はその対応に苦慮することになった。なんとしてでもイスラム教の侵入を食い止めなければならなかった。十字軍遠征は、周知のように、その現われのひとつであった。

こうして、キリスト教会はイスラム教を憎悪することになり、とくにキリスト教国からイスラム教国になった国を目の敵にした。寝返り、裏切りと見たからである。エジプトがそうした国のひとつであった。

エジプトは、最初、その神話に見られるように、多神教の国であった。しかし、キリスト教が興ると、地域的に近いこともあって、やがてそれを受け入れ、キリスト教国家になった。しかし、それも束の間、イスラム教の浸透とともに、イスラム教国家となり、今日に及んでいる。

そのため、エジプトはキリスト教会からひどく敵視されるようになった。その結果は、当然、エジプトで神聖視されていたものは、否定され、悪しきものと見なされるようになった。敵の味方は敵というわけである。

猫がそのひとつなのであった。キリスト教会は、エジプトで聖なるものと見なされている猫を悪魔とし、見たらすぐに殺すように触れ回った。猫―悪魔のイメージが喧伝されたのである。イメージが増幅すると、それは人々の思い込みとなり、人々はそれを信ずるようになる。キリスト教徒は教会の言うことを信じ、そのとおり実行した。結果は、猫が姿を消し、ネズミがふえ、そのためペストが猖獗を極めることになった。

ペストの歴史の背景には、キリスト教とイスラム教の対立という、宗教的な事情があったのである。それとは知らなかった人々こそ迷惑千万な目に遭ったわけである。

それでは、猫がエジプトで神聖視された理由は何であったのであろうか。

エジプト人の猫崇拝

エジプトはナイル川の水のおかげで農耕文化が発達し、その農産物を交易品とすることによって国が潤った。そのため、国家を支える農業は、当然、国家の根幹に関わる産業であった。農作物が豊かなことが、エジプト文化の発展を促すことになり、そのため、人々は農作物、とくに穀物を大切にした。ところが、せっかく収穫したその穀物を食い荒らすのがネズミで、その被害はかなりのものであった。そこで、ネズミ退治が急務となった。

やがて、エジプト人は猫がネズミを食うことを知った。ネズミの天敵が猫であることを知ったのである。猫が家で飼われ始め、家族同様に大切にされ、エジプト人の生活になくてはならないものと思われるようになった。そうした思いが昂じると、やがて、猫を神聖視するようになった。これもイメージ連想である。神聖視されるようになると、当然、猫は農業の神と見なされるようになった。

古来、エジプトには闇を退治する神として女神バステトが崇拝されていた。夜の闇のみならず、大自然の闇を恐れる気持がいかに大きかったかを示すものであろう。その女神バステトはライオンの頭を持つ姿（図23）で表わされていた。ライオンの目が、闇の中にあってもそれに負けずに光るからであった。

ところが、猫崇拝が高まると、女神バステトの頭がライオンに代わって猫になったのである（図24）。猫は神となり、そのため、猫が死ぬと、猫の永遠の生を願って、その死体をミイラにし、猫のために造られた神殿に葬ったのである。

ナイル川の中間地点より少し北に、ベニ・ハッサンという名の地がある。十九世紀中頃、そこのとある場所から、三十万体にも及ぶ膨大な数の猫のミイラ（図25）が発見された。ところが、そのミイラは学術研究の対象とはならず、肥料としてイギリス商人の手を経て、リヴァプールに送られたという。当時、エジプト研究の対象となっていたのは古代の美術品が主であった。そのためか、

図23　ライオンの頭の女神バステト

図24　猫頭の女神バステト

図25　アビドス出土の猫のミイラ

ミイラは人間のであろうと動物のであろうと、中世以来、薬物、燃料、肥料として用いられていたのであった。

　いずれにしても、三十万体という膨大な数の猫のミイラは何を物語るのであろうか。

　猫の神格化。この一言に尽きるであろう。ギリシアのあの高名なるヘロドトス（紀元前五世紀の歴史家）は、その名著『歴史』のなかで次のように述べている。

　火事が起こった際には、世にも奇妙なことが猫の身に起こる。エジプト人は消火などはそっちのけで、間隔を置いて立ち並び猫の見張りをする。それでも猫は人垣の間をくぐったり、上を跳び越えたりして、火の中に飛び込んでしまう。こんなことが起こると、エジプト人は深く悲しみ、その死を悼むのである。

猫が自然死を遂げた場合、その家の家族はみな眉だけを剃る。犬の場合は全身を剃るのである。

死んだ猫はブバスティス（王都にして信仰地）の町の埋葬地へ運び、ここでミイラにして葬る。（松平千秋訳）

ギリシアの史家が「世にも奇妙な」と驚いたほど、エジプトにおいては猫は神聖視されたのである。イメージが固定されると、こうもなるのである。

しかし、時代が下って、宗教的対立が起こると、猫もその渦中に巻きこまれ、キリスト教圏においては悪魔と見なされ、撲滅の危機に瀕することになった。イメージの逆転である。その結果が、ネズミの大繁殖、そしてペストの大流行。ヨーロッパは、大袈裟にいうと、死屍累々の光景を目にすることになった。

「三人の生者と三人の死者」、そして「死の舞踊」。ヨーロッパ世界の人々は骸骨の図像をまのあたりにし、恐怖に戦《おのの》き、身を震わせた。

骸骨―死―恐怖のイメージ連想はヨーロッパの人々の心に濃く刷り込まれることになった。おそらく、深層にまで達したことと思われる。もしそうだとすれば、刷り込まれたそのイメージ像は、そう簡単には拭いきれるものではなかったであろう。

海賊船の旗じるしから見えてきたもの

海賊船の旗じるし、頭蓋骨と交叉した二本の大腿骨の図柄は、いつ、誰によって、どこで創案されたものであるのかは、全く分からない。しかし、誰かがそれに思いついたとするなら、その人の心の奥深くに、骸骨―死―恐怖という十四世紀からのイメージ連想が働いたことだけは確かであろう。人を恐怖に陥れるのに骸骨が最適であると、もしその人が思ったとしたら、それはイメージ連想の伝統線上にその人がいたことになる。

ただ、骸骨―死―恐怖のイメージを使うためなら、全身の骸骨、または頭蓋骨だけでもよかったはずである。それなのに、創案した人は頭蓋骨に大腿骨二本を交叉させた。それは、その人の頭の中に、『旧約聖書』にある「腿の中に手を入れる」、つまり男根というイメージ連想が働いていたのか、それとも図柄としてその方がよいと思ったのか。それは筆者の想像を全く超えるもので、言うべき言葉はない。

とにかく、この図柄は現在でも見られること、そして、二十一世紀にも受け継がれるであろうことは確かで、それだけ、その図柄が卓抜で、衝迫力においてほかの追随を許さないものであることは言えると思う。

海賊船の旗じるし、髑髏じるしの持つ意義を追ってゆくだけでも、そこに、さまざまな文化のさまざまな面が見え隠れする。なにげない旗ひとつ取っても、文化というものが、いかに複雑で、そして奥が深いかが分かる。

古代の文化はイメージ連想の世界である。そしてそのイメージは、「ことの不思議」を読み解こうとした古代人の心が行き着いた思い込みである。そのため、「ことの不思議」を科学的に読み解きつつある現代人から見れば、そのイメージは、ときに陳腐に見える。「バカではないか」と思えるときもある。しかし、その基本となるイメージ連想は、今も生きている。それによって新しい進歩がもたらされるときもある。

さて、われわれは海賊船の旗じるし、髑髏じるしを追っていって、キリスト教とイスラム教の対立の歴史に行き着いた。骸骨―ペスト―猫・悪魔―エジプト憎し、のイメージ連想からであった。

それは、煎じ詰めると、キリスト教会側の危機意識（イスラム教の浸透）がもたらしたものである。かの悪名高い「魔女裁判」も、そうした教会の危機意識の現われ、と今日では明言されている。教会内部のさまざまな要因による弱体化の懸念、それに対する内部引締めのための恐怖政治。「魔女裁判」は教会側の体制立直しの一環だったのである。そのために、多くの無実の者が殺されることになった。

魔女はイメージ連想によってでっち上げられたもので、教会側はイメージ操作によって自分の側の体制強化をもくろんだのである。

イメージは、それを人々の心に刻みつけると、多大な効果を上げることができる。そのため、イメージ操作は、その仕方によって悪をも善をももたらすことになる。イメージは諸刃《もろは》の剣《つるぎ》なのである。

人間はイメージ操作に弱い。それは、人間の歴史を見れば、枚挙に遑《いとま》がないであろう。人間の歴史はイメージ連想の歴史という一面がないわけではないのである。

イメージ操作は、人々を思い込みに追い詰める。人々は、自分の思い込みを自らのものと思うかもしれないが、実は、他の側からのものであることも多いのである。しょせん、人間は環境の動物、時代の人間であるしかないのであろうか。

そうしたイメージの悪影響をこうむらないためには、自己確立しかない、とも言われる。しかしそれは、言うほど易しくはない。健気に生きることは至難の業なのである。

少し饒舌になってしまった。話を次に進めたい。

ヨーロッパのイメージの世界の根底には、どうしてもキリスト教がちらついている。そのため、次章ではキリストについて、少し述べてみたい。キリスト教徒はともかく、意外と日本人が知らないことだからである。

第二章　キリストとは「油を注がれた者」の意味

イエス・キリストの名前の由来

「イエス・キリスト」の名前ほど、古今東西、広く人々に知られたものはないであろう。日本のキリスト教徒は、現在、人口の一パーセントほどであるという。百三十万人ほどであろうか。とすると、日本人の九九パーセントは非キリスト教徒であるが、それでも、イエス・キリストの名前はほとんどの日本人が知っている。

しかし、その名前がどういう意味を持ち、また、どういういきさつでその名前になったかについては、知る人は驚くほど少ない。そこで、そのことについて少し述べてみたい。

まず、「イエス・キリスト」というと、「イエス」が名で、「キリスト」が姓であると、一見、思われがちである。つまり、キリストが家名のように思える。しかし、イエスは今からおよそ二千年ほど前に生きたユダヤ人で、その頃のユダヤ人は姓を持ってなかった。つまり、イエスはただイエスと呼ばれていただけであった。父もヨセフ、母もマリアと呼ばれていただけであった。

それでは、キリストはあとからつけられたもの？

そうなのである。イエスが十字架刑に処せられて死んだのち、キリスト教徒たちによってつけられたものなのである。だとすると、キリストとは何なのであろうか。

そのことに触れる前に、まず、イエスという名前を片づけておこう。

「イエス」という名前の由来

ひとつ、ここに参考として（どの出版社のでもよいのであるが）『新英和大辞典』（研究社）の「Jesus」の項を一部紹介してみよう。分かりやすくするため、真意を損わずに少し書き直す。

イエスの生年は紀元前八年から四年の間。歿年は西暦二九年か？　キリスト教の祖。処女マリアを母としてベツレヘムに生まれる。イエス・キリスト、ベツレヘムのイエスともいう。カトリックでは「イエズス」、正教会では「イイスス」という。

これを見ると、イエスの生年が紀元前八年から四年の間と不分明である。イエスの生誕の年を西暦元年とし、平成十二年は西暦二〇〇〇年のミレニアムとして大騒ぎしたが、これによるとそれが

■Christ を辞書で引いてみると

キリスト《ChristはMessiahと同義で，元来は「油注がれた者」，「救世主」の意；ユダヤ人が期待した救世主（Messiah）として世に出現したと信じられたナザレ生れのイエス〔イエズス〕(Jesus)；もとは Jesus the Christ で称号として用いられたがキリスト教では後に Jesus Christ として固有名詞化した》．（研究社『新英和大辞典』）

1 イエス・キリスト：救世主と考えられたナザレのイエス（Jesus of Nazareth）．▶もと称号として Jesus the Christ といったが Jesus Christ と固有名詞化した．**2**《通例 the～》《主に新約聖書の中で》（旧約聖書で出現を預言された）救世主（Messiah）．（『小学館ランダムハウス英和大辞典』）

1 イエス・キリスト（Jesus～）《◆ Christ は称号だったが，後に固有名詞化：㊖Chr.》…… **3**〔the～〕(旧約聖書で預言された）救世主(Messiah)．（大修館書店『ジーニアス英和大辞典』）

嘘になる。

しかし、ここで問題にしたいのは、カトリック教会では「イエズス」と言い、正教会（ロシア、ギリシア、シリアなどのキリスト教会）では「イイスス」と言っている、としていることである。『広辞苑』（第五版）にも「イエズス」の項目があり、「日本で、カトリック教会におけるイエスの呼称」としている。

これを見るだけでは、日本で「イエス」と言っているのはプロテスタント系の教会だけということになる。

プロテスタントの教会では「牧師」と言い、カトリックでは「神父」と言うように、キリスト教では宗派（教派）が違うと、その用語が違うことはよくあることで、そのため、「イエス」と「イエズス」と「イイスス」と言い方が違っても、別におかしくはない。

なぜ、そのように違ったのかの問題も面白く、ここに述べるべきであろうが、今、書店に行って『聖書』を買おうとすると、おそらく、手に入るのは新共同訳の『聖書』であろう。この本では「イエス」となっている。

この本は、プロテスタント側とカトリック側の双方から人が集まって、共同で翻訳したもので、そのため、今はまだ過渡期ですべてがそうなっているわけではないと思われるが、ゆくゆくは双方ともすべての信者がこの『聖書』を用いることになり、したがって、「イエス」と「イエズス」の使い分けは、将来なくなるかもしれない。「イエス」に統一されるかもしれない。

事実、あるカトリック教会の神父さんに尋ねたところ、「私の教会では『イエス』と言っています」という返事が返ってきた。そのため、ここでは、「イエズス」と「イイスス」という表現が、どういういきさつでそうなったかは問わないことにして、「イエス」という表記のみを問題にしてゆくことにする。

一九八七年九月に出版されたこの新共同訳『聖書』には、翻訳に当たっての基本方針が、その「序文」にくわしく述べられているので、そこを見てもらえばよいが、本書に関わる部分だけを挙げると、「旧・新約を通ずるすべての人名・地名の日本語表記に、新しい方式がとられたことであります。すなわち、固有名詞を、基本的には、『原音』で表記するという現代の方法を聖書にも導入しつつ、他方で一般の『慣用』が定着した一部の人名等については、これを尊重するという新しい方針を、一九八三年に取り決め、それによる表記を実施しました」とある。

そうすると、ここで問題にすべきは、「イエス」という日本語の片仮名表記が、原音表記なのか、それとも慣用表記なのかである。

イエスは今から二千年ほど昔のユダヤ人。日常口にしていた言葉はアラム語であった、と言われている。『広辞苑』には、アラム語については、次のように記されている。

ヘブライ語などとともに古代のアッシリア・バビロニア・ペルシア帝国の公用語。セム語派の北西セム語群に属する。旧約聖書にも用いられ、約三千年の伝承をもつ。現在もトルコ・イラク・イラン・シリアのキリスト教徒・ユダヤ教徒ら約三〇万人によって話されている。

しかし、古代のユダヤ人が、とくにパレスチナ周辺のユダヤ人が用いていたのはヘブライ語で、『旧約聖書』は、右の引用にはアラム語でも書かれたとあるが、そういう場合もあったということである。とすると、イエスの生きていた時代は、ヘブライ語とアラム語が併用されていたと考えられる。

それでは、「イエス」という名前は、それぞれの語でどのように実際書かれていたのであろうか。ひとつの問題であり、また、とても難しい問題である。それは、ヘブライ語をとってみても、昔のその文字は、例えば英語のａに相当する文字は𐤀であり、ｂは𐤁であり、以下ここに紹介しても、研究者であれば別だが、一般の人にはとても理解の届く文字ではない。現代の活字体でも、ａはא、ｂはבと見慣れないものである。筆者の手もとには ***English-Hebrew Hebrew-English Dictionary***（『英語ヘブライ語・ヘブライ語英語辞典』）があるから、イエスの活字体へブライ語を紹介しようと思えば、すぐにできるが、おそらく、それを見ても、読めないだろう。

そのため、イエスという名前の原文表記はやめにしたい。しかし、その原文が何と読めるのか、そしてそれを片仮名に表記すればどうなるかは、いろいろなキリスト教関係の本に記されているので、それを紹介することでよしとしたい。

「イェーシュア」、または「イェシュア」。これがヘブライ語の片仮名読みである。そして、このヘブライ語は、「イェホーシューア」、または「イェホシュア」の短縮形で、『旧約聖書』の「ヨシュア記」のヨシュアと同じものであるという。

一方、アラム語で何と言うのかというと、これは、いろいろ議論のあるところであるようだが、「イェーシュ」と発音されていたらしい。

以上で分かるとおり、イエスという日本語はヘブライ語、またはアラム語の「原音」表記ではないのである。

しかし、ここで考えなければならないのは、イエスが主人公になるのは『旧約聖書』ではなく、『新約聖書』であるということである。あまりにも常識的で、今さらと思われるかもしれないが、それは、『旧約』がヘブライ語で書かれているのに対して、『新約』がギリシア語で書かれているということを、ここでひとつ押さえておきたいからである。

『新約聖書』がなぜギリシア語で書かれたのか。それは、イエスの弟子たちがイエスの教えを説いてまわったのが、ヘレニズム文化圏が中心であったからである。つまりギリシア語が語られ、書かれていた地域であった。

なぜそうなったのか。なぜユダヤの国で布教をしなかったのか。

それをここで述べると長くなるので、割愛せざるをえないが、『新約聖書』の「マタイによる福音書」から二カ所だけ引用してみよう。

夜が明けると、祭司長たちと民の長老たち一同は、イエスを殺そうと相談した。そして、イエスを縛って引いて行き、総督ピラトに渡した。（二七・一―二）

ピラトが、「では、メシアといわれているイエスの方は、どうしたらよいか」と言うと、皆は、「十字架につけろ」と言った。ピラトは、「いったいどんな悪事を働いたというのか」と言ったが、群衆はますます激しく、「十字架につけろ」と叫び続けた。（二七・二二―二三）

ピラトとは、ユダヤの国に在職していたローマ帝国の総督である。当時、ユダヤの国はローマ帝国の属領であり、その支配を受けていたが、エルサレムにあったユダヤ教の神殿だけは、ある程度、自治を認められ、そのため、そこにいたユダヤ教の指導者たちは、政治的にも経済的にも、そして、宗教的にもユダヤの民に君臨していた。しかし、イエスはそうした指導者たちが、貧しい人々を顧みず、また、貧しいがためにユダヤ教の律法を守ろうにも守れない人々を差別していたことを、激しく批判し、そのため対立し、憎しみを買っていた。イエスは反体制者であった。長老たちは「イエスを殺そうと相談した」のであった。そしてユダヤの群衆も唆《そそのか》されて、「十字架につけろ」と激高して叫んだのであった。

イエスの教えをユダヤの国で説くことは、この聖書の二カ所を読んだだけでも、不可能であったことと十分察しがつくと思う。

結局、イエスの教えはユダヤの国の周辺のギリシア語文化圏で説かれることになった。当然、イエスの名前もヘブライ語やアラム語でなく、ギリシア語で語られることになった。

それでは、「イエス」という名前のギリシア語表記はどのようなものであったのか。

Ἰησοῦ《イエスー》または、Ἰησους《イエスース》であった。このギリシア語表記の方が、「イエス」に近い。そのため、「イエス」はギリシア語に由来するものと言ってもよい。しかし、ここで考えなければならない言語がもうひとつある。ラテン語である。

ローマ帝国の共通語で、そのため、古くから西欧の学術語として重用されてきた語である。もともとはイタリアの中部地方ラティウムの方言であったが、この地の人々がローマ帝国の中枢部を占めるようになったため、その方言がローマ帝国の共通語になったのである。そのため、キリスト教に関する学術書も、キリスト教がローマ帝国の国教になった後はラテン語で書かれるようになった。

イエスという名前は、ラテン語ではどのように書かれたのであろうか。

Iesus《イエスス》であった。このラテン語表記も「イエス」に近い。

こう考えてくると、「イエスス」という日本語の片仮名表記はギリシア語とラテン語から来ているようである。しかし、「イエス」はそれらの語の「原音」表記でないことは、はっきりしている。「イエス」という語は「慣用」表記なのである。日本に布教に来た外国人が、「イエスー」、または「イエスス」と言うのを「イエス」と聞いて、そう表記したものなのであろう。

そのことについてははっきりしたが、もうひとつ、ついでに付け加えておきたいことがある。ギリシア語にしろ、ラテン語にしろ、Ἰησοῦ または Iesus であって、Ｉで始まっている。しかし、英語では Jesus《ジーザス》とＪになっているし、ドイツ語、フランス語、スペイン語、ポルトガル語など、ヨーロッパの主要言語でも、それぞれ発音は違うが、いずれも、Jesus である（イタリア語だけは Gesu《ジェズ》と、違う）。ＩがＪに変わっている。なぜであろうか。

このようにＩがＪに変わって Jesus となり、それが一般的に用いられるようになったのは十六世紀後半から、と言われている。それはなぜなのか。

グーテンベルグが活版印刷、つまり活字を組み並べて印刷する機械を発明したのが一四五〇年頃、それ以前の本はすべて写本であった。いちいち手で書いていたわけである。キリスト教関係の本もそうであった。『新約聖書』がほとんどであったのは当然である。そのときに、Ｉという縦長の字をひん曲げて、わざわざＪとしたのである。手書き故の自由さである。それにしても、なぜそうしたのであろう。

それは、際立たせるためであった。ＩよりＪの方が、写本のなかでその文字が際立つ。Iesus よりJesusの方が目立つのである。つまり、見る人のイメージに訴える力が強くなるのである。そして、そのように目立たせると、写本を依頼した人は、当然、喜ぶ。なぜなら、写本を依頼するくらいだから、その人は熱心な信者であるわけで、イエスの文字が目立てば目立つほど嬉しいと思うのは、人情というもの。かくして、IがJとひん曲げられて、Jesusという語が確立したのである。

写本でJとされた文字がだんだん広まり、十六世紀後半には西欧で一般的になったのである。

イエスという名前についで最後にもうひとつだけ付け加えておきたいことがある。

それは、イエスという名前は、当時、ごくありふれた名前で、日本でいうと、太郎とか一郎という名前と同じで、多くのユダヤ人がイエスという名前を持っていた、ということである。ユダヤ人に好まれた名前であったのである。

「イェーシュア」、つまり「イェホーシュア」という語は、「イエ」と「ホーシュア」からなる語であって、「イエ」はユダヤ教の唯一神ヤハウェ（文語訳ではエホバ）を表わし、「ホーシュア」は「救い」の意味で、「イェホーシュア」で「ヤハウェは救い」という意味を持つ名前となるからである。そのイメージが好まれたのである。

次は、「キリスト」である。

「キリスト」という表記の由来

「キリスト」という日本語は、ポルトガル語のChristoの音訳、つまり、その発音をそのまま片仮名表記したものと言われているが、現在のポルトガル語では Cristo で、その発音は［kristu］で、従って、それを片仮名表記すると「クリストゥ」になる。

周知のように、日本に初めてキリスト教を伝えたのはスペイン人のフランシスコ・デ・ザビエルで、一五四九年のことであった。ザビエルが来日したのはポルトガルの国王の命によってである。当時、ポルトガルはその植民地政策をアジアに進めようとしていて、ザビエルはその宗教的面で手を借すことに同意していた。そのため、ザビエルはスペイン人でありながら、日本に布教するにあたっては、ポルトガル語を用いたのである。

「キリスト」という日本語がポルトガル語に由来するのはそのためである。

今のポルトガル語では「クリストゥ」で、「キリスト」とは少し違うようだが、一五四九年、つまり十六世紀のポルトガル語ではどう発音していたのだろう。おそらく、初めてポルトガル語を耳にした日本人には「クリストゥ」が「キリスト」に聞こえたのであろう。外国語の聞き違いはよくあることである。また、外国語の発音を片仮名表記することは、意外と難しいのである。例えば、有名なイタリアの画家 Botticelli は、普通、「ボッティチェリ」と片仮名表記されているが、これは原音に全く忠実とは言えず、なかには「ボッティチェルリ」と「ル」の小さい片仮名を付けている本もある。オランダのこれまた有名な画家「フェルメール」も「ヴェルメール」とする人もいる。オランダ人にこの片仮名表記のふたつの日本語を聞いてもらったところ、ふたつともオランダ語原音とは微妙に違う、と言われたことがある。

「キリスト」という日本語は、おそらく聞き違いによる、しかも、難業とも言える外国語の片仮名表記の結果生まれた日本語であろう。

とにかく、「キリスト」、「キリスト教」という日本語はこうして定着した。その語源がポルトガル語であったことも分かった

英語ではChrist《クライスト》、ドイツ語はChristus《クリストゥス》(格が変わると語尾も変わることがある)、フランス語はChrist《クリスト》、イタリア語とポルトガル語はCristoである。

しかし、これらのヨーロッパ主要語の語源はラテン語のChristus《クリストゥス》であるが、このラテン語そのものはギリシア語を語源としているのである。そのギリシア語はχριστός《クリストス》である。Khristósとも書けよう。

以上、「キリスト」という日本語を追ってきたが、もちろんキリストも「原音」表記ではなく、「慣用」表記なのである。

メシアとキリストは同じ意味

『新約聖書』がギリシア語で書かれたことは、すでに述べたが、そのギリシア語χριστός《クリストス》は、実は、ヘブライ語のギリシア語訳なのである。ということは、「キリスト」に相当するヘブライ語がヘブライ語原典の『旧約聖書』にも数多く出ているのである。

それでは「キリスト」のことをヘブライ語では何と言うのであろうか。

「イエス」のときと同じように、そのヘブライ語をここに書くことは控えたい。ただそのヘブライ語の音を片仮名表記すると「マーシーァハ」となるという。しかしギリシア語で書かれた『新約聖書』では、そのヘブライ語の音をそのままギリシア語に表記することはせず、その原義に相当するギリシア語を採った。それがχριστός《クリストス》なのである。

それでは、この「クリストス」と、ヘブライ語の「マーシーァハ」の原義は何なのであろうか。「油を注がれた者」、または、「油を塗られた者」。これが原義なのである。

そして、日本語では「メシア」と言うが、これは「マーシーァハ」のラテン語表記messias《メシアス》、そしてそれから派生した英語のmessiah《メサイア》から来たものなのである。

ここでお分かりのように、「メシア」も「キリスト」も「油を注がれた者」という意味では同じ語なのである。ただ、「メシア」がヘブライ語、「キリスト」がギリシア語を語源として、語源が違うから日本語の片仮名表記が違うだけなのである。

しかし、油を注ぐなどという行為は、普通、今日では見られない行為である。何とも不可解な行為と言えるだろう。

なぜ油を注ぐのか。このことについては、後で考えることにしよう。

共同訳『聖書』には、便利なことに、「用語解説」が付いている。そこで、「メシア」の項を引用してみよう。

「油を注がれた者」の意で旧約聖書では三九回用いられている。イスラエルでは「王」(「サムエル記下」二・四)「祭司」(「出エジプト記」二九・七)が、就任式のとき油を注がれた。後に「油を注がれた者」は、正しい治世をもって国を治める理想的王を示すようになり(「イザヤ書」一一・一—一〇)、更に神の決定的な救いをもたらす「救い主」を示すようになった。新約時代の人々は政治的解放もたらすメシアを待望していたが、イエスはそれを拒否し、十字架の死によって人々を罪から救うメシアであることを主張された。新約聖書は、イエスがこの意味のメシアであることを主張し、イエスに「キリスト」(メシアのギリシア語訳)という名称を付した(「マタイによる福音書」一・一、一六・一六)。

以上の引用を見ると、古代のユダヤの国では、祭司や王がその地位につくときに、油を注がれたが、のちに、理想的な王を「油を注がれた者」と呼ぶようになり、さらに、ユダヤの民が紀元前六世紀にバビロニア人に捕らえられ、塗炭の苦しみを味わうようになると、「救い主」待望論が生まれ、その「救い主」を「メシア」と呼ぶようになった、ということが分かる。「メシア」、つまり「救い主」とは、本来、「政治的解放をもたらす」者のことを言ったのである。

ユダヤ民族の歴史は、紀元前二〇〇〇年頃までさかのぼることができるが、紀元前十三世紀後半、イスラエルの諸部族は連合に成功し、王国を建設した。そして、有名なダビデ王が近隣の諸国を征服併合し、エルサレムを都として、王国の最盛期を築き上げた。続いてソロモン王国になるが、ソロモンの死後、紀元前九二二年に王国は南北に分裂し、さらにそれに追討ちをかけるかのように、紀元前七二二年には北の王国がアッシリアに、ついで紀元前五八六年には、バビロニア王ネブカドネザルによって南の王国が亡ぼされ、多くのユダヤ人が捕らえられて、バビロンに強制移住させられた。世に名高い「バビロン捕囚」である。ユダヤ人はそれ以後も数々の苦しみに喘ぎ、イエスの時代は、ユダヤ人はローマ帝国の支配下に置かれ、その圧制に苦しんだ。そのため、当時のユダヤ人の最大の願いは、母国の独立と、往時の栄光あるダビデ王国の再建であった。

事実、北方のガリラヤ地方と違って、保守色の強い南の地方にはシカリ（刺客党）という武闘派のグループがあって、ユダヤの独立を回復しようとしていた。そのグループのなかには、当然、自称または他称のメシアなる人物もいたと思われる。そして、彼らは独立のために立ち上がりもしたのである。西暦六六年から七〇年にかけては、ローマ帝国軍と戦った。第一次ユダヤ戦争である。しかし、そのときは独立はならず、失敗に終わった。再度、西暦一三二年から一三五年にかけて第二次ユダヤ戦争をしかけたが、結果は惨敗。ついに、ユダヤ王国の復興はならず、ユダヤ民族は離散して世界各地に散ってゆかざるをえなくなった。史上有名な「ディアスポラ」（離散、の意）である。以後、ユダヤ民族の受難は、ヒトラーによる「ホロコースト」をはじめ、想像を絶するものであった。

イエスを裏切ったユダは有名であるが、このユダは、イエスの弟子のうちでただ一人、南の出身者で、他の弟子たちは、イエス同様、北のガリラヤの出身者であった。ユダがイエスを裏切った理由はいろいろ言われているが、そのうちのひとつとして、イエスが政治的行動、つまりローマ帝国からの祖国解放のために戦うべく立ち上がらなかったことに対していたく失望し、不平不満の心を抱くようになったため、とも言われている

イエスは『聖書』の「用語解説」にあるように、政治的解放運動にその身を捧げることを拒否し、自らの身を十字架に懸けることによって、人々を罪から救おうとしたのである。

イエスが「受難」（ユダヤ教の長老、祭司長、法律学者たちから多くの苦しみを受けて殺されること）を心に決めたのは、宣教し始めて二年後頃のことであると言われている。そのことは「マタイによる福音書」一六・二一以降を読むとよく分かる。イエスが受難を口にしたとき、ペトロは、「そんなことはあってはなりません」と戒めたが、そのとき、イエスはペトロに、「サタン、引き下がれ、あなたはわたしの邪魔をする者」と言って、激しく叱責し、あくまでも自分の考える受難にこだわったのである。

イエスが「メシア」であり、「キリスト」であるとはそういうことなのである。

「あなたはメシア、生ける神の子」とペトロが言うと、イエスは自分が「メシア」であることは誰にも言うなと命じている（「マタイによる福音書」一六・一六—二〇）。

また、ある女が、「わたしは、キリストと呼ばれるメシアが来られることを知っています」と言うと、イエスは、「それは、あなたと話をしているこのわたしである」と答えている（「ヨハネによる福音書」四・二五—二六）。

しかし、イエスが生存中、自分のことを「キリスト」とずばり言ったことは一度もなかった、というのが定説のようである。「キリスト」という名は、イエスの死後、キリスト教徒によってつけられた名なのである。

なぜ油を注ぐのか

ここで問題にするのは、ユダヤの人々が、祭司や王になぜ油を注いだのか、ということである。メシアやキリストが「油を注がれた者」の意味と分かると、そうした疑問が、当然、頭に浮かぶ。イメージがはっきりしないのである。

しかし、これは最も難しい問題で、何人かの聖書学者や牧師、神父に尋ねたが、結論は「分からない」であった。『聖書』の「用語解説」を見ても、全く触れていない。

今から三千年以上も前のユダヤ民族の風習だから、分からないのも不思議ではないのかもしれない。どんなにイメージ連想を働かせても分からないものらしい。

しかし、人間の常として、分からないと言われると、よけいに知りたくなる。そこで、参考になるかどうか分からないとは思いつつ、いくつかある外国の辞典のなかから、二冊だけ取り出して、ここに紹介してみたい。一冊は翻訳本、もう一冊は英語の辞典である。

油を注ぐとは

まず翻訳本であるが、ドイツ象徴研究学界の第一人者であるマンフレート・ルルカーによる『聖書象徴辞典』（池田紘一訳、人文書院）のなかの「あぶら」の項目を引用してみよう。

オリーブの樹の暗緑色の実から取られる油は、むかしから特別の力をそなえる物質と見られてきた。古代オリエント世界においては、また古代ギリシア・ローマにおいても、油を塗ることは病気を治す手段として最も愛好されたものの一つであった。バビロニアでは医者はアシュー（asû）と呼ばれたが、これは「油に精通する者」という意味である。祭司は――古代の高度に発達した文化圏では支配者たちも祭司のひとりであったが――油を注ぐという儀式によって職務の全権をゆだねられた。エジプトの王が忠臣のひとりを代理の任に就かせる場合には、その人物の頭上に油を注いだ。アッカドのサルゴン一世（紀元前二三五〇年頃―二二九五年）は、別名「天なる神によりて油を注がれたる者」と呼ばれた。

このあと、油を注がれる多くの聖書の場面が紹介されている。例えば、「主があなたに油を注ぎ、主の財産を司る首長とされたのです」（「サムエル記上」一〇・一）、「あなたはわたしの頭に香油を注いでくださる」（「詩編」二三・五）、「あなたは義を愛し、悪を憎む、それゆえ主、あなたの神は、あなたに結ばれた人々にまさってあなたの上に、喜びの油を注がれた」（「詩編」四五・八）などである。

そして、この訳書には、「油を注ぐことは、神による祝福・聖別・承認を、また、特定の人間を選び出し人間たちの前に顕彰することを意味する」という個所も見られるし、また、イエスの十二人の使徒たちが「油を塗って多くの病人をいやした」(「マルコによる福音書」六・一三)とする場面も紹介され、「癒しかつ聖別する油、これを注ぐ者は実は、『油を注がれたる者』としてみずから浄福にして聖なる救世主なのである」としている。

以上で分かるように、著者ルルカーは、古代の人々が治癒力もある油を神聖視したことから「油を注がれた者」は、「聖なる者」と見なされ、神により聖別された人間となった、と推論している。

しかし、このルルカーの説明で、疑問が完全に氷解するであろうか。油には治癒力があるから特別な物質と見なされた、とする説は、確かに三千年もの昔のことだからありえないことではないかもしれない。薬などなかった時代には、いろいろな植物を、今でいう薬草として珍重し、オリーブ油もそのひとつであったかもしれない。

しかし、その油を頭から注いだ場合もあったようだが、それについてはどうであろう。

ここで、仏教でいう「灌頂《かんぢょう》」のことを思い起こす人もいるかもしれない。周知のように、灌頂とは頭のてっぺんから水を注ぐことを言う。その昔、インドでは、ある人が帝王や太子の位につくとき、世界の中心にあって海の中にあるとされる須弥山《しゅみせん》の周囲の四つの大海から汲み取られた水を、その頭頂に注いで、帝王や太子が全世界をその掌中に収めた、とする儀式が行なわれていた。それが仏教に取り入れられ、最後の修行を終えた僧が、悟りを開いて仏になるとき、もろもろの仏から智水（仏の智慧を表わす清い水）を頭に注がれる儀式が行なわれ、それが灌頂と言われた。

これなら、なんとなく納得できそうである。ところが、油を頭に注ぐとなると、浄めるというイメージにはなかなかつながらない。イメージ連想がうまくゆかないのである。たとえ薬効があろうとも、「油を頭に注ぐ」ということは、インドの灌頂とつながりはあるかもしれないが、その証拠はないようである。

それでは次の本を紹介しよう。*Harpar's Bible Dictionary* というハーパー・アンド・ロウ社から一九八五年に出版されたもので、そのなかの「anointing」（塗油すること）の項を拙訳で左に記してみよう。

体や物に油や軟膏を塗ること。古代近東地方では、入浴後、体に香油を塗ることは贅沢なことであった。また、祝祭のときにも行なわれた。このため、喪に服する人は油を塗らなかった。そして、油を塗ることは人に力を授ける手段であった。ソロモン王を王位につけるために油を注いだのはその典型である（「列王紀上」一・三九）。おそらく、このことはソロモンを聖別し、その即位を認めることを意味したものであったと思われる。また、「油を注ぐ」ことは、ある人間、またはある物を聖なる目的のために聖別することであった。ヤコブはベテルで枕にしていた柱に油を注いで、その場所を神の家と呼んだ（「創世記」二八・一八―一九）。アロンは祭司職に就くために聖別の油を注がれた（「出エジプト記」二九・七）。第二神殿時代（紀元前五三八年頃から西暦七〇年頃まで）には、祭司たちはもはや油を注がれなくなってしまったが、それ以前は大祭司はしばしば「油を注がれた祭司」と言われている（「レビ記」四・三）。また、幕屋とかそのなかに置かれている物も同じく油を注がれた（「出エジプト記」四〇・九―一五）。そして、「サムエル記上」二四・六では、王なる者は主が油を注がれた方とされている。それが、結局は、ヘブライ語のメシアとなり、ギリシア語のクリストスとなって、キリストになったのである。キリストは終末の日に世界を支配する王のことを言う。ペトロは、神は聖霊と力によって、この方を油を注がれた者となさいました、と言っている（「使徒言行録」一〇・三八）。

ここで分かることは、やはり、メシア、つまりキリストとは油を注がれて神によって聖別された者、ということである。

近東地方は、周知のように、非常に乾燥した土地で、そのため、入浴後に油を塗って湿気を与え、同時に、その香りを楽しむことが古代から行なわれていたのであろう。しかし、そうした習俗が、なぜ「聖別」となったのであろうか。

今引用した英語の辞典に、「贅沢なこと」とある。つまり、油を塗ることは日常的に行なわれていたのではなかった、と考えられる。特権階級の人々は毎日油を塗っていたかもしれないが、庶民が塗れるのはせいぜい祝祭の日くらいであったろう。油を塗ることは晴れ着を着るのと同じ趣旨のものであったとも考えられる。そして、昔の祝祭は、今とは違って、時代をさかのぼるほど「聖なる祭り」であったと思われる。祈りたい気持が強かったからである。物が溢れかえっている現在の日本で、人が切実に何かを祈ることは、よほどのことにでもぶつからないかぎりないであろう。しかし、昔の祝祭は死に物狂いの祈りの祭典で、文字どおり「聖典」であったのである。さまざまな危険と紙一重の生き方をしていたからである。

「油を注ぐ」ことは祝うことであり、祝うことは「聖別」することであった。そして、メシアは神によって「聖別」された人であった。そのために「祝典用の贅沢な油」を注がれたのであろう。

これを結論とするのは、もちろん憚《はばか》られる。素人の私がそう簡単に片づけられる問題ではないからだ。しかし、これ以上、私の力では前へ進めないので、心ならずも、いちおうの結論ということにしておこう。

とにかく、メシアにしろ、キリストにしろ、「油を注がれた者」という意味で、そこには神によって聖別されたという含意がある、ということだけは銘記しておいてもらいたい。

油を注ぐ他の例

なお、参考までに、ユダヤ民族以外の民族における「油を注ぐ」、または「油を塗る」慣習例を三つほど挙げておこう。

まず、古代エジプトの例——

儀式に際しては、混じりもののないパンと、季節の果物を手許におき、葡萄の木に別のお供えをしてから、そのお供えの間に指輪を膏薬の中から取り出し、そこから取った油を自分の身体に注いで聖別をする。

汝早朝に自らに聖油を注ぎ、東方に向いて以下の文句を誦うべし。（ウォーリス・バッジ『古代エジプトの魔術』石上玄一郎ほか訳）

次にギリシアの例——

女神はキュプロス島パポスへと向い、香薫る社へ入った。その地には女神の聖域と香たちこめる祭壇がある。女神は社に入り、輝く扉を閉ざした。カリスたちは女神のからだを洗い、永遠におわす神々にふさわしい不死なる油、甘い香りを放つアンブロシアを肌にすりこんだ。（ホメーロス『アプロディーテーへの讃歌』逸見喜一郎訳）

最後にインドの例——

威力を発するバラモンは、自ら目に眼膏を着け、身に油を塗り、或は裸体になり、或は分娩中の（女）を注視すべからず。（『マヌの法典』田辺繁子訳）

以上、三つの例のみを挙げたが、これらを見ただけでも、古代、ユダヤ民族以外のさまざまな民族の間でも、「油を塗る」、または「油を注ぐ」ことが、ごく通常的に行なわれていたことが分かる。メシア、あるいはキリストという語が本来持っている意味は、古代社会に共通のものと言えるのではなかろうか。つまり「聖別」という意味である。

イエス・キリストは固有名詞か——キリストは称号か呼び名か

先に挙げた『新英和大辞典』の「Christ」の項を引くと、「もとは Jesus the Christ で称号として用いられたがキリスト教では後に Jesus Christ として固有名詞化した」とある。しかし、『聖書』の「用語解説」の「キリスト」の項を見てみると、「ヘブライ語のメシア（油を注がれた者）のギリシア語訳。神が選んだ救い主の称号。イエスこそ『キリスト』であるという信仰から、イエスの呼び名となった」とある。固有名詞、称号、呼び名、どれが正解なのであろうか。

両書の解説には違いがある。ともに篤学の聖書学者が書き、または監修したものであるから、信用すべき説かもしれないが、それにしてもこの違いはどうしたことであろうか。

まず、『新英和大辞典』の方を考えてみよう。「もとはJesus the Christ」とあるが、Christにtheという定冠詞がつくのはChristが普通名詞であることを示している。キリストとは前に言ったように「油を注がれた者」という意味の名詞。これは、当然、普通名詞である。『旧約聖書』に三十九回も出ているくらいだから、それに相当する人であれば誰につけてもいい名詞である。その人固有の名詞、つまり固有名詞ではないし、ましてや物質名詞でもない。

キリストとは普通名詞。そのため、theが付いて当然なのである。ギリシア語でtheに相当する語はὁ《ホ》である。だから、Jesus the Christをギリシア語で表わすとἸησοῦς《イエースース》 ὁ《ホ》 Χριστός《クリストス》となる。

キリスト教徒は、最初、イエスにキリストという称号をつけて、「イエースース・ホ・クリストス」と言ったのである。つまり、「クリストス」は「油を注がれた者」という意味から「救世主」という意味に転じた称号なのである。

イエスと同様に称号を持つ人をもうひとり挙げてみよう。イエスに洗礼をしたヨハネである。ヨハネはイエスをはじめ多くの人々に、ヨルダン川で洗礼を施した人である。

Ἰωάννης ὁ βαπτιστής。洗礼者ヨハネのギリシア語名である。英語ではJohn the Baptist、ドイツ語ではJohannes der Täufer、フランス語ではJean-Baptiste。ギリシア語、英語、ドイツ語には定冠詞がつき、フランス語ではハイフンがついている。それは「洗礼者」が普通名詞であるからであり、ヨハネという名前の後についているのは称号であるからである。

キリストも称号だとすると、ヨハネが日本語で「洗礼者ヨハネ」となっているように、「救世主

「イエス」とならなければならないであろう。なぜなら、「ヨハネ・洗礼者」ではおかしいように、「イエス・塗油者」ではおかしいし、「イエス・救世主」でもおかしいからである。

本来であれば、イエスース・ホ・クリストスは「救世主イエス」とならなければならない。「イエス・キリスト」ではないのである。しかし、定冠詞を取ってしまうと、文法的にいえば称号にはなりえないのである。『新英和大辞典』では、その the を取ってしまって Jesus Christ とした、とあるだけで、その理由には全然触れていない。挙句に Jesus Christ は固有名詞であるとしている。

定冠詞を取ってしまったことこそ重要なことなのだから、定評ある大辞典でそのことに触れていないのは全く腑に落ちない。辞書の役割を果たしているとは言えないのではなかろうか。辞典を引いた人は、ただ不審の念を覚えるばかりであろう。

定冠詞を初期キリスト教徒がなぜ取ったのであろうか。それについて触れる前に、『聖書』の「用語解説」の「キリスト」の項の叙述について考えてみたい。

「神が選んだ救い主の称号」とあるように、キリストという語は「称号」としている。しかし、さらに、キリストはイエスの「呼び名」となったともしている。

『広辞苑』で「称号」の項を引くと、「呼び名。名称。多く、一定の身分・資格を示すものにいう」とあり、さらに、「呼び名」の項を引くと、「そのものを普通に呼ぶ時の名。特に、実名に対して平常呼びならわしている名前」とある。少し分かりにくい。称号は呼び名でもあるとされている。同じ意味の言葉ということであろうか。微妙に違うのではなかろうか。

称号が呼び名であっても、それは例えば、「内閣総理大臣」という正式の称号を「総理」と呼び、「警察庁長官」を「長官」と呼ぶように、「一定の身分・資格を示す」称号を簡略化して呼ぶその「呼び名」を言うものであろう。だから、「キリスト」はそうした意味の称号ではなく、あくまでも「救世主」という全き意味の称号であるから、「一定の身分・資格を示す」称号なのである。キリストの場合は「身分」ではなく、「資格」であろう。人間の罪のつぐないをする救い主という立場に立つ者、としての資格。そして、イエスはそういう資格を十分に満たす必要条件を備えた人物であったからこそ、「キリスト」という称号を与えられたのであろう。

しかし、称号であれば、定冠詞がなくては文法的にいって全くの誤りなのである。この点について、『聖書』の「用語解説」は全く触れていない。おかしい。どうしてなのであろう。

しかし、「用語解説」では、キリストという称号が「イエスこそ『キリスト』であるという信仰から、イエスの呼び名となった」とある。ここにひとつの鍵がありそうである。「イエスこそ」という表現に注目すべきであろう。

前述したように、キリストはメシア。この「メシア」は『旧約聖書』に三十九回も出てくるという。多くの人が「メシア」、つまり「キリスト」と呼ばれていたのである。だから、ユダヤ教徒であれば、メシアは普通名詞でよく、定冠詞を付けていい。しかし、キリスト教徒にとってはキリストはひとりしかいないのである。イエスこそがキリスト。

キリストはイエスだけ、余人は絶対にキリストではありえないのである。そうすると、キリスト教徒にとっては、「キリスト」という名詞は普通名詞であってはならないのである。the Christ ではだめなのである。普通名詞であれば、キリストなる人物は何人いてもよいことになるからである。

キリストはイエスだけ、キリスト教徒のイメージのなかにはそうした連想しかなかったのである。「イエスこそキリスト」、そういう思いしかイエスの弟子たちの頭にはなかったのであろう。「イエスこそキリスト」と呼んでいるうちに「イエス・キリスト」になってしまった。そう、呼び名、呼んだ名なのである。

そう考えると、『新英和大辞典』にある「固有名詞化」したとする説明は、中《あた》らずといえども遠からず、と言えようか。つまり、舌足らずと言うと失礼かもしれないが、筆者にはそう思えてしかたがない。

一方、『聖書』の「用語解説」は間違ってはいないが、キリスト教の主人公イエス・キリストを解説しているにしては、少々不親切にも思える。ユダヤ教では称号であったが、キリスト教では呼び名となったと断定した方がよいように思える。独断であろうか。

最後に、キリスト教徒でもなく、ましてや聖書学者でもないずぶの素人である筆者のそれこそ臆測にすぎないものを述べてみたい。

イエス・キリストなる名の由来についてである。イメージ連想によって考えてみたい。

イエスの弟子たちがギリシア語文化圏でイエスの教えを布教し始めたとき、最初は「イエスース・ホ・クリストス」と言っていただろう。しかし、その文化圏にはすでにユダヤの国から離散していたユダヤ人も多かった。それらの人々は、もしユダヤの国がローマ帝国から完全独立し、昔の栄光あるユダヤ王国が再建されれば、すぐにでも帰国したいと思っていたであろう。

そこに、イエスの弟子たちが「イエスース・ホ・クリストス」と言って布教し始めた。「救世主イエス」と声高に言い廻り始めたのである。それを聞いた離散ユダヤ人は、ローマ帝国からの政治的解放運動に身を捧げなかったイエスを「救世主」、つまり「救国の主」としていることに対して、大いに反感を抱き、異議を唱えたことであろう。

そのため、イエスの弟子たちは、「イエスース・ホ・クリストス」と言って布教することは、当然、得策ではないと思ったことであろう。とにかく、弟子たちの目的はイエスの教えを広めることである。そのためには、障害となることは避けた方がいい。「イエスース・ホ・クリストス」とすると反感が強いから、「ホ」を取った方がよいと思ったであろう。なぜなら、「ホ」を取ると、「救世主」という意味が薄められるからである。

「イエスース・クリストス」、つまり「イエス・キリスト」の誕生である。

もちろん、私のイメージによる推論にすぎない。最後の締括りが全くの素人考えの披露になってしまった。

マザー・テレサとイエス・キリスト

イエス・キリストの名を思うとき、筆者の頭には、どういうわけか、マザー・テレサの名がいつも連想される。

マザー・テレサの偉大さについて、ここに記す必要はないであろう。インドの貧しい人、病める人に暖かい手を差し延べることに、その生涯を捧げた人である。

その「マザー・テレサ」という名であるが、これがイエス・キリストと同じ呼び名なのである。というのも、「マザー」はもともと「女子修道院長」という称号なのである。そのため、マザー・テレサは、本来であれば、「女子修道院長テレサ」として紹介されなければならないはずである。しかし、テレサはあくまでもマザー・テレサで、「マザー」と言えばテレサ、「テレサ」と言えばマザー・テレサと定着してしまっている。「女子修道院長」という称号の印象は極めて薄くなっている。

マザー・テレサは今では呼び名として広く世界に知られている。イエス・キリストという呼び名と同じと考えると、キリスト者に叱られるであろうか。

しかし、ここで考えなければならないことがひとつある。イエスという人物、テレサという人物がなぜ現われたかである。

イエスの時代、もしユダヤ教の高位聖職者や律法学者が高徳な人であって、貧しい人々に献身的に手を差し延べ、人々を貧しさから救うよう政治的、経済的な方策を見つけ出していれば、イエスの出る幕はなかったであろう。テレサの場合も同様で、テレサが手を差し延べた貧しく病める人々は、インド社会そのものが生み出した人々なのである。もし、インド政府が強力な政策を打ち出して貧富の差をなくしていれば、テレサも出る幕はなかったはずである。

イエスやテレサは出ずにはいられないことを痛感したからこそ、出た人なのである。本当は、イエスやテレサのような人が出なくてもすむ社会であれば、それに越したことはないのである。

人間の歴史を振り返ると、偉大な人は数多くいる。しかし、考えてみれば、学問や芸術の世界は別として、社会的弱者に献身した偉大な人がいたとしたら、本当はそういう人が出ない社会をこれからつくってゆくべきだという思いを抱きつつ、そうした過去の偉大な人、イエスにしろテレサにしろ、を偲んでゆくべきであろう。

イエスから獅子へ

さて、話をイメージ連想に戻して、イエス・キリストの話から、いったいどういうイメージにつないでゆけばよいであろうか。

イエスにまつわるイメージ連想は、正直いって数限りないとも言える。その種の本を拾ってみると、いずれも部厚い大冊である。してみると、イエスという人物から何かのイメージ連想を取り出すとすると、取捨選択に困る、というのが偽らざる気持である。

しかし、選ばざるをえないとなると、自分の好みにならざるをえない。やむをえないことであろう。そこで、さんざん思いめぐらした結果、ふと頭に浮かんだ聖書の一節は次のようなものである。

主はわたしのそばにいて、力づけてくださいました。そしてわたしは獅子の口から救われました。主はわたしをすべての悪い業《わざ》から助け出し、天にある御自分の国へ救い入れてくださいます。(「テモテへの手紙」二、四・一七—一八)

この一節で注意を引くのは、獅子である。この場合、獅子のイメージは「悪い業」と結びつけられている。恐ろしい動物であるからであろう。イエスはその獅子の口からパウロを救ったのである。しかし、獅子、つまりライオンのイメージはそうした悪のイメージの他に多種多様なのである。そう、イメージ連想には打ってつけなのである。そこで、次にライオンについてのイメージを追ってゆくことにしよう。

第三章　ライオンの口から水が流れ出るのはなぜ？

新宿駅頭のライオン像

ＪＲ新宿駅東口を出ると、そこは小さな広場になっている。右手を行くと、そこに、注意しないと見過ごしてしまうものがある（図26）。赤大理石製の今では見慣れないものがあるのに、多くの人は気づかない。それとも関心を寄せないためか、振り向きもせず、その前を通り過ぎてゆく。

それは、「みんなの泉」と今では呼称されているもので、本来は「馬水槽《ばすいそう》」と言われていた（図27）。コンクリートの四角な土台には「倫敦《ロンドン》水槽協會寄贈」と刻まれていて、その土台は水が溜るようになっている。そして、その土台に乗っかっている円筒状の擬宝珠《ぎぼし》のような赤大理石に目がいくと、どうしても、その下部に目をそそぐことになる。なぜなら、そこに、ライオンの頭が（図28）、まるで異物ででもあるかのように、彫られているからである。しかもよく見ると、ライオンの頭部

■Lion を辞書で引くと

1 a〔動物〕ライオン，獅子（しし），…… **b** ネコ属（Felis）の猛獣の総称，（特に）アメリカライオン，ピューマ（puma）．…… **3**〚もとLondon 見物人は必ずロンドン塔のライオンを見に連れて行かれた習慣から〛〔pl.〕《英》名物，呼び物…… **7**〔the L–〕**a**〔天文〕しし(獅子)座…… **b**〔占星〕獅子宮〔座〕…… **8**〔紋章〕**a**〔L–〕英国の象徴としての獅子……．**b** 競い獅子（lion rampant）：〜and unicorn 獅子と一角獣《英国王家紋章を捧持する動物》．（研究社『新英和大辞典』）

1 ライオン，獅子（しし）…… **2** 1以外のネコ属 Felis の猛獣，（特に）クーガー，アメリカのライオン，ピューマ…… **5**《the L–》〔天文〕〔占星〕獅子（しし）座（Leo），獅子宮．…… **7**《〜s》《英》名物，呼び物：名所…… 昔，田舎から London 見物に来た人に，必ずロンドン塔で飼っていたライオンを見せたことから．**8**（英国の象徴としての）ライオン……．（『小学館ランダムハウス英和大辞典』）

1 ライオン，獅子（しし）…… **4**《英》〔the〜s〕（都会の）名所，名物，呼びもの《◆昔お上りさんにロンドン塔の四頭のライオンを見せた習慣から》…… **5**〔L 〜〕《英》〔紋章〕（象徴としての）獅子…… **6**〔the L〜〕〔天文〕しし座（Leo）《北天の星座》．（大修館書店『ジーニアス英和大辞典』）

は、ちょうど胴体のペニスに当たる部分にあるようにも見える。興味を覚えずにはいられない。

そこにそんなものがなぜあるのか。注意してその周辺を見ると、その疑問はすぐに氷解する。まず、「みんなの泉」の後壁に一枚のパネルが嵌《は》め込まれていて、こうある。

> この塔は、明治三十九年ロンドン水槽協会から東京市に贈られたもので、上部が馬、下部が犬、猫、裏側が人間の水飲場となっておりますが、元来動物愛護の目的で造られたものです。当時東京市役所前に置かれ、その後淀橋浄水場に移され、今回更に、新宿民衆駅完成を記念して

図27　その拡大図

図26　新宿駅東口の「馬水槽」

図28　ライオン頭部像

この場所に移設されました。ロンドン近郊には今なおこの種のものが残っており市民に親しまれております。このたび「みんなの泉」と命名され、この地に永久に残ることになりました。

昭和三十九年九月

さらに、右手に目をやると、そこに角柱が一本立っていて、そこには、「新宿区指定有形文化財工芸品　馬水槽《ばすいそう》　昭和六十一年六月六日指定」とあり、さらに、「十九世紀にロンドン市内で馬・犬猫・人間に飲料水を供給した石造品で、イギリスから贈られたものである。動物愛護の精神に基づく水飲み施設で、交通運搬と都市水道発展の歴史を物語る記念物である」とある。さらに、その角柱の背後に一枚の円形の表示板があり、「みんなの泉」の由来が記されている。

東京の上水道育ての親、中島鋭司博士が明治三四年から欧米諸国を視察した際、ロンドン水槽協会から東京市に寄贈されたもので、現在では世界に三つしかない貴重なものである。赤大理石製で上部は馬、下部が犬猫、裏面が人間用と、動物愛護の精神が息づいており、明治から大正にかけては当時の重要交通機関であった馬がよく利用していた。昭和三九年の新宿民衆駅完成を記念して現在の場所に移転。その際、「馬水槽」と呼ばれていたものを一般より公募した「みんなの泉」と改称され、現在では新宿区の文化財に指定されている。

新宿ライオンズクラブ

以上で、この大理石像がどういうもので、いつ頃のもので、どのような経緯をへてここにあるのかが分かる。

しかし問題は、水槽なのに、なぜライオンの頭が彫られているのかである。

筆者は、その前に立って、通りかかった人々にいちいちそのことについて尋ねてみた。ところが誰ひとり答えられないのである。

人間は、日常生活を送るなかで、ごく身近にあるものなのに、それがなぜあるのかについて、あまりにも知らなさすぎる。そして、それを疑問に思うことも少なすぎる。

新宿駅の馬水槽、つまり、「みんなの泉」を見れば、かつてそのライオンの口から水が流れていたことは、誰にでも想像がつく。

それでは、いったいなぜライオンの口から水が流れ出るのであろうか。

黄道十二宮の獅子宮と古代エジプト

これは、古くは古代エジプト文化に由来するものなのである。

エジプトの国土は、たいへん乾燥している。砂漠の国と言っていいであろう。しかし、その国土を縦断するように、ナイル川が流れている。そして、この川こそがエジプトの運命に大きくかかわる川であったのである。

前に少し述べたが、ナイル川が氾濫すると、その周辺の乾いた土地が一変して、肥沃な土地となる。そのため、古代から、エジプトは豊富な農作物に恵まれ、それをもとに活発な交易をして経済的に潤い、高度な文化を築きあげることができた。つまり、エジプトはナイル川によって経済・文化が支えられていたのである。

そのため、ナイル川の水が枯渇することは国運の衰退を招くことであった。豊かな水量が望まれていたのである。砂漠の国であるから、エジプトの雨量はきわめて少ない。川の水量が増すとは普通は考えにくい。それが増水するのである。

ナイル川の水源は、ひとつはヴィクトリア湖であり、もうひとつはエチオピアにあるタナ湖である。このタナ湖のある高原地帯は、六月から雨期に入り、それから四カ月間に大量の降雨を見る。タナ湖は、そのため増水し、溢れた水がどっと青ナイルへ流出し、やがてハルトゥームで白ナイルと合流し、豊かな水量を誇るナイル川本流となる。

水量を増したナイル川は、一緒に運んだ沃土である泥とともに、その水を周辺の土地に大量に供給する。土地は潤う。そして運ばれた泥は土地を肥沃なものにする。四カ月間にわたる長い雨期が終わると、待ちかねた農民たちは一斉にその肥沃な土地に種を蒔く。

エジプトの農地は、ナイル川の氾濫の度合に応じて、広くもなれば狭くもなる。エジプト人はナイル川の水量を気にしながら雨期を過ごすことになる。

今でも見られるが、エジプト人はその水量を知るために、「ナイロメーター」と呼ばれるものをナイル河畔にある神殿などに工夫した。目盛になる刻みを石に彫ったのである。そして、示された水位によって、その年の豊饒・凶作を予測したのである。

もし、ナイロメーターに示された水位が高いと、雨期明けが楽しみとなり、エジプト国中が喜びに沸き返ることになる。農耕地がとてつもなく広くなり、そのため収穫も多大なものとなるからである。

ナイル川の氾濫。通常であれば、川の氾濫は水害と見なされる。そのため、太古より治水に人々はどれほど労力と知恵を使ったことであろう。ところが、エジプトでは川の氾濫こそ国に恵みをもたらすものであったのである。砂漠の中に広大にして肥沃な土地を与えてくれるからであった。

（……）ナイルが夏至を起点として百日間にわたって水嵩を増して氾濫し、この日数に達すると水位が下って引いてゆき、再び夏至の訪れるまで冬の全期間にわたって減水したままでいる（……）（松平千秋訳）

紀元前五世紀のギリシアに生きたヘロドトスの『歴史』のなかの一節である。エジプトのナイル川の氾濫は有名な歴史家の目にもとまったのである。

当然、エジプト人はみなナイル川の氾濫に注目した。いつ頃その氾濫が始まるのか。それがエジプト人の最大の関心事のひとつであったと思われる。

やがてエジプト人はその時期を予測することができるようになった。黄道十二宮の獅子宮が夜空に見られると、氾濫が始まることを知るようになったのである。

空を仰ぎ見る。そして星を見る。黄道十二宮の獅子宮が見える。エジプト人のすべてが渇望してやまない氾濫がやってくる。

しかし、ここで、説明が必要であろう。黄道十二宮とはどういうもので、いつ頃考えられ、文化にどういう影響を与えたかである。

黄道十二宮と西欧文化

古代の人々は、今の人々よりよく空を仰ぎ見ていた。太陽や月をはじめ、夜空に輝く星を見てはさまざまな思いを胸に抱いていた。イメージ連想の世界で遊んだのである。しかし、彼らには科学的な知識はなかった。そのため、現代人から見れば不可解としか言いようのない考えを持ち、イメージを持ち、それによって日常生活を律していた。つまり、予測をし、備え、期待もするし恐れもしたのである。

地動説が確立されるまでは、地球は不動のもので、太陽や月やその他の天体はすべて地球のまわりを回っているもの、と人々は考えていた。

北半球に住む人々にとって、太陽は暑い季節にはほぼ頭の上を回り、比較的寒い季節になると少し地平に近く低いところを回る、と見えた。そして、いったん低いところを回っていた太陽が、まもなく、元の頭の上のところを回るようになり、再び低いところを回るようになることを知った。それが規則正しく繰り返されることも。さらに、そうした太陽の運行につれて、周囲の自然現象が規則正しく変化することも知った。

頭の上を回っていた太陽が少し地平近くを回り、やがてまた頭の上を回るようになると、自然現象も元の状態に戻る。イメージが固定したのである。つまり、一年という考えが古代の人々の頭の中にインプットされたのである。そして、その一年の間におよそ三百六十五回ほどの昼と夜がやってくることも知った。一年はおよそ三百六十五日が、基本的知識となったのである。

そして、月を見ると、満ちては欠ける。誰が見ても当たり前の現象であった。その月の満ち欠けが十二回繰り返されると、元の季節に戻ること、つまり一年がたつことも知った。

一年は十二カ月、十二という数と一カ月という考えを人間は手に入れた。そして、昼を十二時間、夜を十二時間とし、一日は二十四時間とした。

さらに、古代の人々はその太陽の軌道を見て季節を知った。そして、回る太陽の軌道が一定であること、つまり、暑い季節には頭上を、寒い季節には水平近くに寄り、その幅が一定であることを知った。また、その道をよく見ると、その道の周辺に比較的明るく、消えたかと思うと、一年たつと再び現われる多くの星のあることも知った。今日、恒星と言われている星である。

そして、太陽の通る道幅の中から外に出ないそれら恒星群を興味深くじーっと見つめて、その恒星の群れが何かしらの形に見えなくもないことに気づいた。古代の人々の頭の中に、ある図形が浮かんできたのであった。イメージ連想である。

どの地域の人々が最初にその図形を思い浮かべたかははっきりしないようであるが、その地域のひとつにバビロニアを挙げる人が多い。チグリス・ユーフラテス川の下流にあった古代王国で、今のイラクとほぼ同じ地域。紀元前二二〇〇年頃のそのバビロニアの楔形《くさびがた》文字板に、それらしい図形の痕跡が見られるという。古代アッカド王国の神話『エヌマ・エリシュ』に、「かれらは（天の黄道の）十二宮の星座を一つかれらのあいだに置き」とあるのは、それを証左するもののひとつといえよう。

おそらく、バビロニアの人々は、太陽の運行と、空にある恒星群の運行の変化（恒星群も地球のまわりを回っていると見た）を見て、農耕、牧畜、祝祭などの適切な時期を知り、役立てたものと思われる。そのため、天体観測は日常生活を送るのに必要なこととなったのである。

天文学の始まり、と言っていいであろう。

こうした天体観測がやがてギリシア文化のなかに取り入れられると、初めて体系的なものとなった。紀元前八〇〇年以降のことであった。

まず、太陽が通る道は、地球から見て一六度の角度内に納まることが分かった。つまり、頭上に見える太陽の軌道と、少し地平に近い太陽の軌道とが、地球から見て一六度の角度内にあることを知ったのである。

そして、一年が十二カ月に分けられることを知ったギリシア人は、その頭上に現われる恒星群を一カ月毎に特定すると便利であることも知った。それと見定めると、今がどういう季節であるかがよく分かるからである。

太陽が西に沈むと、それらの恒星群が夜空にはっきり見える。そして、その特定された恒星群は移動して、一カ月で姿を消す。すると、月が改まって、次の恒星群が現われる。

ギリシア人は恒星群を十二に分け、それぞれの群れがいつ現われて、いつ姿を消すかを測定した。当然、その恒星群に名前があれば便利だと思ったことだろう。バビロニアの人々も、その恒星群を見てある図形を頭に描いたことであろう。そして、その図形のなかでギリシア人に受け継がれたものもあったと思われる。

例えば宝瓶宮《ほうへい》。占星術では水瓶座《みずがめ》と言う。バビロニアの雨期は、エジプトと違って、一月二十日過ぎから二月二十日頃までであった。そのため、水瓶、そして宝瓶宮となったことは間違いないであろう。まさにイメージ連想の世界である。

それから天秤宮《てんびん》。左右相釣り合うことから、昼と夜の時間がほぼ等しい頃、つまり秋分の頃（九月二十三日頃）に夜空に見える恒星群をそう命名したであろうことは、容易に察しがつく。そのため、天秤宮もバビロニア起源の命名なのかもしれない。

夜空を仰ぎ見て、宝瓶宮や天秤宮と言われている恒星群を、今この眼にしても、そうした形にはとても見えない。無理しているな、と思うのは筆者のみであろうか。しかし、古代の人々のそうしたイメージを連想した心情を思うとき、こじつけに見えても、それは瞬間で、その祈るような気持をなんとなく了解してしまうのが常である。

ギリシア人は夜空に見える恒星群を十二等分し、次のように名前をつけた。対応月日順に並べてみる。イメージ連想の体系化である。

宝瓶宮《ほうへいきゅう》（一月二十日～二月十八日）
双魚宮《そうぎょ》（二月十九日～三月二十日）
白羊宮《はくよう》（三月二十一日～四月十九日）
金牛宮《きんぎゅう》（四月二十日～五月二十日）
双子宮《そうし》（五月二十一日～六月二十一日）
巨蟹宮《きょかい》（六月二十二日～七月二十二日）
獅子宮《しし》（七月二十三日～八月二十二日）
処女宮《しょじょ》（八月二十三日～九月二十二日）
天秤宮《てんびん》（九月二十三日～十月二十三日）
天蝎宮《てんかつ》（十月二十四日～十一月二十二日）
人馬宮《じんば》（十一月二十三日～十二月二十一日）
磨羯宮《まかつ》（十二月二十二日～一月十九日）

「黄道《こうどう》十二宮」の確立である（図29）。

今日のわれわれが夜空を見て、比較的明るい星群を線で結んだとき、このような形をイメージできるかどうかは、論議のあるところであるかもしれない。しかし、天空神が地上世界のもろもろを支配するという宗教観を持っていた古代の人々の心情を思うと、そうしたイメージ連想をした人々

図29　黄道十二宮

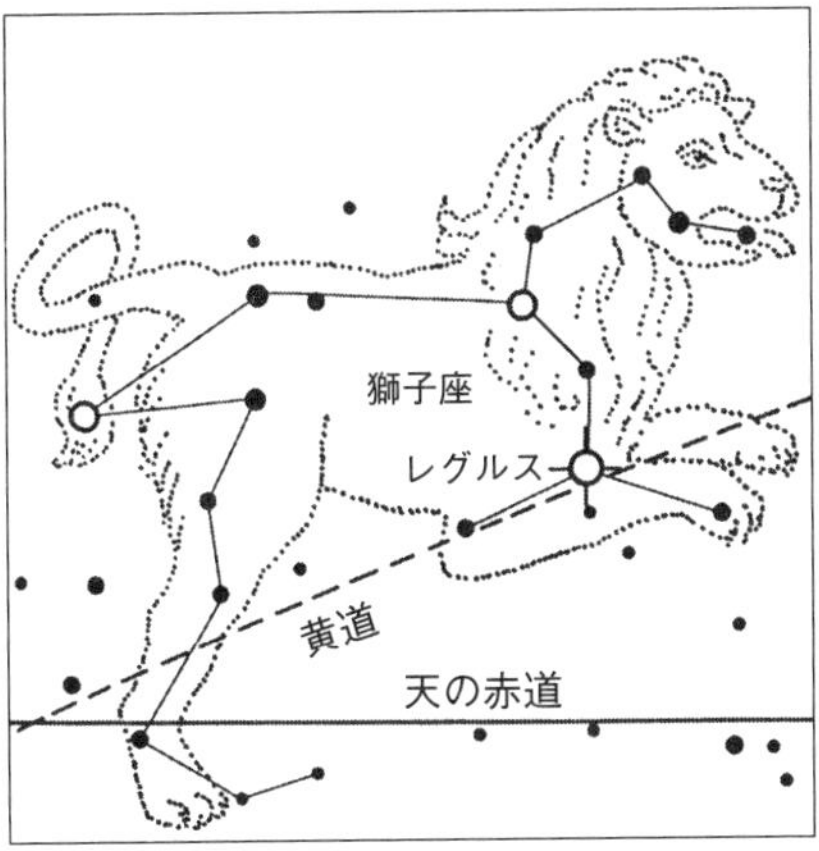

図30　獅子宮

の気持は納得がゆくのではなかろうか。

「黄道十二宮」と日本では言う。黄道というのは恒星群の色からそうなったのであり、十二宮の「宮」とは家の意味で、恒星群が一カ月間そこに住むということから名付けられたものである。

黄道十二宮を体系化したギリシアでは、それを ζωδιακός《ゾジアコス》 κύκλος《ククロス》と言った。直訳すると「動物を含む円」である。そして英語では zodiac と言う。ギリシア語の κύκλος（＝円）を省略して ζωδιακός からつくった語である。英和辞典を引くと「黄道帯、獣帯。天文学では黄道十二宮」という訳が記されているが、語源であるギリシア語の原義をとると、「獣円」と訳するのがよいようにも思われる。

なぜ「動物」とか「獣」を意味するギリシア語が採用されたのであろうか。その理由は簡単で、十二宮のうち天秤宮と宝瓶宮以外はすべて動物、魚、人間だからである。

いずれにしても、紀元前八百年以降にギリシアで体系化されたこの黄道十二宮は、すぐに近隣諸国に伝播した。エジプトも例外ではなかった。

ライオンが水を司る

黄道十二宮を取り入れたエジプト人は、同様に、夜空に眼をやり、恒星群に注目することになった。イメージ連想を己れのものとしたのである。

そのとき、いちばん注意を払ったのは、言うまでもなく、ナイル川の氾濫期を知らせてくれる恒星群であったと思われる。七月末にナイル川が増水する。そのとき見える恒星群。それはすぐに分かった。

獅子宮（図30）。

そう、夜空に獅子宮が現われると待望してやまなかったナイル川の氾濫がある。そうと知ったエジプト人の心に、「ライオンが水を司《つかさど》る」というイメージが、すぐに刷り込まれることになったのは当然のことであったろう。

当時、エジプトには野生のライオンがいた。日常的に目にしていた動物であった。そのライオンこそが水を司る。そうしたイメージ連想は、古代エジプト人の心にすんなりと受け入れられたことと思われる。

今、JR新宿駅の東口にある馬水槽にライオンの頭部像が彫られているのは、このように今から三千年ほど昔の人々の心性によるものなのである。ライオンの口から水が流れ出るのは、夜空を眺めて古代の人々が思ったイメージ連想から生まれたものなのである。

イメージの世界の継承は、なかなか消えるものではない。それに思いを至すと、太古の世界がいきいきと現前する。すると、人間の心は奥行きが深くなり、浅薄に生きることが許されなくなるのではなかろうか。

とにかく、エジプトでイメージされた「ライオンが水を司る」という考えは、すぐに本家本元のギリシアに逆輸入され、例えば雨水を受ける屋根の樋《とい》のコーナーにライオンの頭部像が置かれ、ライオンの口から雨水が流れ出るように工夫されることになった。それは紀元前四、五百年のことであった（図31・32）。

そうしたギリシア文化が西欧諸国に広まったのは当然のことであった。イギリスも例外ではなかった。そのため、イギリスでも、ライオンの口から水が流れ出る光景は、日常生活においてよく見られることになったのである。そして、ギリシア文化のイギリスへのそうした受容が、今日、ＪＲ新宿駅の東口に如実に示されているが、そのことを知る日本人はあまりに少ない。ましてや、それをさらに遡ると、エジプトに、いやバビロニアに行きつくことを知る人は一体どのくらいいるであろうか。

しかし、この黄道十二宮から発した西洋の占星術については、多くの日本人が知っているし、今日、星占いは特に若者の興味を惹いているようである。自分の生年月日が占星術の何座に当たるかは、多くの若者の知るところである。

西洋の占星術は中世ヨーロッパで流行したものであると言われている。自分の運命を出生日時によって占ってもらうことに、それも「いかなる星の下に生まれたのか」を知ることに、なぜ人間はこだわるのであろうか。

古代の人間であれば、科学的知識がなかったから、天体の運行や位置によって、自分の、または国家の吉凶や運命を知ろうとしたことはよく分かる。何ものかにすがりたい気持は痛いほどよく分かる。生活環境が劣悪であり、病いにより命を落とす、つまり死ぬことがあまりにも身近であった

図31　ライオンの頭の樋（紀元前500年頃，ギリシア）

図32　ライオンの頭の樋（紀元前 4 世紀頃，ギリシア西部）

「ライオンが水を司る」

ため、不安がそれだけ大きく、個人にしろ、自分の属する国家にしろ、その運命こそが最大の関心事であったろう。そのため、未来を予知したいと思う気持は、現代人の予測をはるかに超えたものであったと思われる。

占星術について、詳細に述べたい気持はあるが、本筋とあまりにも離れてしまうのでやめることにする。

日本における他のライオン頭部像

ライオンの頭部から水が出る情景は、例えば温泉や銭湯の湯の出口に見られるように、日本にも今なお多くあると思うが、それらすべてを探索することは本書の目的ではないので、割愛せざるをえない。

ただ、あと二つだけ、ライオン頭部像について触れてみたい。

ひとつは、東京都世田谷区弦巻二丁目にある東京都水道局駒沢給水所のそれである（図33）。文京区本郷二丁目にある東京都水道歴史館の話によると、この給水所は、昭和二年に、当時の金で二百七十六万円をかけて建設されたもので、今では閉鎖されていて中に入ることはできないが、外からそのふたつの巨大な配水塔を見ることはできるという。多摩川の川底を流れる伏流水を砧《きぬた》下《しも》浄水場で濾過したものを貯めておくところで、その水は、今の恵比寿や原宿や広尾などの地域

図33　東京都水道局駒沢給水所

▲図34　水道敷設記念碑
◀図35　その土台部のライオン頭部像

に配給されたそうである。東京都水道歴史館にある資料には次のように記されている。

給水場は東京府荏原郡駒澤町字弦巻に設けたり。場内に二基の配給塔を設け貯水すると共に必要の水頭を保たしむ。その水位は電動水位計により常に給水場事務所並浄水場喞筒《そくとう》場に傳送表示せしむ。配水本管は場内鐵管末端より起り遠く澁谷町に向ひ、その起点にヴェンチュリーメーターを附し給水量及水位を自記せしむ。

この配水塔のそばに、水道敷設記念碑がある（図34）。もう七十年以上もたっているので、一部コンクリートが剥げ落ちているが、下層の土台部に見えるライオン頭部像は（図35）、百獣の王よろしく迫力満点で、その口を開いている。おそらく、その口からは、この配水塔が機能していた間は、水が噴き出ていたものと思われる。なぜなら、ライオン頭部像の下がすっかり変色しているからである。

今は閉鎖されていて、訪れる人はひとりもいなく、そのため、ライオンの炯々《けいけい》たる目差しも心なしか淋しげであるが、このライオン像も四千年に及ぶ人間の文化史を背負っているのかと思うと、感慨にふけらないわけにはゆかない。イメージが連想されると、心はわけもなく震えるのである。

ふたつ目は、横浜市の横浜水道記念館にある共用栓である。

横浜市に水道ができたのは明治二十（一八八七）年である。日本最初の水道である。野毛山に浄水場をつくり、水を市内に配ったが、それは今のように各家ごとに配水した場合もあったが、全配水戸数のうち約八五パーセントが公設の共用栓から水をもらっていたらしい。

その公設共用栓で現存しているものがいくつかあって、そのうちのひとつが横浜水道記念館にある。見ると、頭部がライオン像になっている。

「獅子頭共用栓」（図36）と言われている。そして、そのライオンの口から水が出るようになっているのである。明治二十年創設時はこの共用栓は百四十三基であったのが、最盛期には六百基になったという。それは、もちろん、最初は横浜市全域に水道が敷設されたわけではなく、一部であったのが、時とともに増設されていったためであろうし、また、人口も時とともにふえていったからでもあろう。

それではなぜ共用栓が獅子頭共用栓であったのであろうか。

その理由は簡単である。横浜市が水道を敷設しようとしたのは明治十六年で、そのときから横浜市はイギリス人技師H・S・パーマーの指導を仰いだ。パーマーはイギリスから機械や材料を取り寄せて水道建設に取りかかった。そのとき、共用栓もイギリスのグレンフィールド商会から購入したのである。

イギリスの商品であれば、当然、前に述べた東京の「馬水槽」と同じく、デザインはライオンになる。獅子頭共用栓になったわけである。そして、それは「ライオンの水道」として市民に親しまれることになった。

横浜市は、そのとき、日本で初めて水道を敷設したのを記念して、噴水塔を桜木町の駅前に設置した。その噴水塔は、今でも、記念館に保存されているが、明治の頃の桜木町駅前の噴水塔の写真も記念館に展示されている（図37）。鉄道が日本で初めて明治五年に開通したのが新橋〜桜木町間であるが、その写真には当時の桜木町駅舎も見えていて、大変興味深いものである。

その噴水塔にも、土台部分にライオンの頭部像が彫られていて、写真では、口から勢いよく水を噴出しているさまがよく見られる。

横浜市の水道の獅子頭共用栓について、ごく簡単に述べたが、共用栓といえば東京にも、水道敷設にともなって、それがあったのである。

東京の水道敷設は横浜より遅く、明治三十一年に給水が開始された。神田・日本橋地区から始められたとのことである。『東京市改良水道工事誌』なる資料が東京都水道歴史館にあり、詳細はそれにより判明する。横浜市の獅子頭共用栓の現物は横浜水道記念館に行けば見ることができるが、東京の共用栓の現物は、残念ながら実見することはできない。歴史館のスタッフの話では、現物は都内にふたつあるが、いずれも個人の所蔵するもので、都への寄贈をお願いしたところ、婉曲に断られたとのことである。

ところが問題なのは、その共用栓は、横浜のと違って、獅子頭ではなく、竜頭なのである。そのため、東京のは「蛇体鉄柱式共用栓」（図38）と公けには呼ばれていたらしい。しかし、今では、「共用栓─竜号─」と呼ばれていて、そのレプリカは見ることができる。

図38　蛇体鉄柱式共同栓（東京）

図36　獅子頭共同栓（横浜）

図37　明治期の桜木町駅前の噴水塔（横浜水道記念館）

なぜ竜の口から水が出るのか

東京の共用栓が、なぜライオンでなく竜になったのであろうか。

そのへんの経緯は、先に挙げた『工事誌』を見ても、よく分からないらしい。同誌には「水道用具標本品」を、工事に先立って「海外の十社に提出を依頼したところ、五社からその標本が届けられた」と記されているし、また、その水道用具のなかには、当然、共用栓も含まれていて、それぞれの共用栓の図解・特徴・価格・内部機構図（凍結防止用と定量給水用の二種類）が、同誌に詳細に記されている、とのことである。

問題は、「共用栓―竜号―」のことである。

東京都水道歴史館で見せてもらった『水道公論』（一九八五年九月号）という雑誌に、蓑田倜「共用栓物語――竜と獅子」という論文があり、そのなかで、蓑田氏は、東京の水道事業が創設期から戦後に至るまで、イギリスの「グレンフイルド・ケネデイ商会」と深い関係にあった、と述べている。「グレンフイルド・ケネデイ商会」とは、横浜水道記念館のパンフレットにある「グレンフィールド商会」と同一社であろう。

とすると、東京と横浜の共用栓は同一会社から購入したことになる。それなのに、なぜ東京のは竜頭で、横浜のは獅子頭になったのであろうか。

そのへんになると記録されている資料がないため、全く分からない。東京の歴史館にも、また、横浜の記念館にも尋ねてみたが、結論は、不明とのことであった。

ただ、ひとつ分かっていることは、先に挙げた『東京市改良水道工事誌』によると、東京市の要請に応じて提出された「水道用具標本品」のなかには、「獅子頭自動閉止共用栓」もそのうちのひとつとしてあった、ということである。

「獅子頭」の見本があったのに、なぜ東京市はそれを採用せず「竜頭」のにしたのであろうか。いくつかあるうちのひとつを選択する場合、さまざまな複雑な事情もからむから、それから百年もたった今日、記録がない以上、もはやそれは詮索することは不可能としか言えないであろう。残念ではあるけれども。

さて、話を竜に戻さなければなるまい。

竜は幻獣である。この世には実在しない。その竜が、いつ頃、人間文化のなかに現われたのか。そのことについては拙著『シンボルの誕生』（大修館書店）のなかでやや詳しく述べておいたので、ここで再び取り上げることは避けたいが、要点だけでもかいつまんで述べないわけにはゆかないであろう。

竜という幻獣が、まず文化のなかに現われたのはアッカドの神話『エヌマ・エリシュ』のなかである。紀元前二三〇〇年頃の神話で、「天地創造の神話」である。

世界の始めには男神アプスー（真水の支配者）と、女神ティアマト（塩水の支配者）しかおらず、この両神から次々と神々が生まれた。しかし、平和は長続きせず、神々の争いは絶えなかった。そ

こで、女神ティアマトは、

七岐《また》の大蛇《おろち》を生んで無敵の武器を加えた。
（その）歯は鋭く、仮借なく〔？〕
彼女は血のかわりに毒液をその体一杯にみたした。
彼女は（またこの）狂暴な竜たちに恐怖をまとわせ、
おそるべき煌《きらめ》きを身につけさせ、神々の片割れとした。

（後藤光一郎訳）

恐るべきティアマトの軍勢の前に、神々はなすすべもなかった。ティアマトは、「大洪水をおこす竜」と呼ばれ、そのため、ティアマトに敵対する軍勢は、弓矢、稲妻、雷雨、烈風、洪水というあらゆる自然界の暴力をもって迎え討たなければならなくなった。

結局、ティアマト（＝洪水をおこす竜）は退治される。

竜を退治するとは、大洪水を治めることを言い、そうした表現は中国にもある。

この神話は、古い王が退位して、若くて勇ましい新王が王位を継承すること、つまり「王殺し」を言っているのであるが、アッカドというユーフラテス川とチグリス川が流れている地域で、川の氾濫がいかに暴力的、破壊的で、そのため、川を退治して治めること（＝治水）が、いかに急務であったかということをも、物語っている。

川はうねって流れ、溢れると暴力と化す。そのありさまから、紀元前二千年以上もの古代の人々は、竜という幻獣をイメージ連想した。恐竜（ディノサウルス）という約二億年前に生息していたものの記憶もあったであろう。

当然、竜は洪水と、そして水の流れとが結びついてイメージ連想された幻獣である。竜の口から水が流れ出る。竜が、今から四千三百年前、オリエントの神話のなかに生まれてから、世界中の幻獣の仲間入りをし、イギリスにも渡り、水道の共用栓の流れ口となったのである。イメージ連想の壮大さがうかがわれる。

アルハンブラ宮殿の「獅子の中庭」

日本の東京と横浜の水道にまつわるライオン像のことを述べてきたが、ここで視点を変えて、西洋におけるライオン像について、若干ではあるが、触れてみたい。

アルハンブラ宮殿

エジプト文化のなかで、ライオンの口から水が流れ出るというイメージが固定され、やがてそうしたイメージがヨーロッパ大陸に伝播したことはすでに述べた。

それでは、その代表として、どこのどれを挙げるかは、それぞれの人の好みによる。筆者はスペインのグラナダにあるアルハンブラ宮殿のを挙げたい。スペインを訪れる日本人が必ず訪れる地であるから、知っている人も多いと思う。

グラナダはスペイン南部の都市で、往時はグラナダ王国の都であった。そのグラナダ王国について触れるには、どうしてもスペインという国の歴史について、若干でも述べなければならないであろう。しかし、その歴史は、ヨーロッパの他の国のと同様、さまざまな王国の興亡が繰り返され、今日のスペインに至る道程は複雑極まりなく、とても簡単には述べられそうもない。しかし、語らないわけにはゆかない。

スペインのあるイベリア半島に人類がいつ頃住み着いたかは、いまだ不詳で、その出土品から考えると、今のところ、一八〇万年から一五〇万年前くらいというのが、大方の予測であるようだ。そして、そのイベリア半島にやって来た民族もさまざまで、イベロ人、ケルト人、フェニキア人、ギリシア人、カルタゴ人、ローマ人、と次々と半島にやって来て覇権をかけて争ったようである。

しかし、ローマ人のイベリア半島支配が紀元前二世紀から紀元五世紀初頭までの七百年に及び、その間、他のローマ帝国属領と同様、ローマ人たちは、スペインの地に、寺院、円形劇場、街道、浴場、橋、水道橋などを建設した。その遺構で現存しているものもあり、今なお観光客の目を楽しませている。

現代のスペイン人は、そうしたさまざまな人種の融合から成るもので、イスパノローマ人とも呼ばれている。

しかし、五世紀に入って、バルト海のリトアニア周辺にいた西ゴート族が、ローマを武力で征圧して、市内を焼き尽くし、その勢いに乗ってローマ帝国の根幹を揺るがすと、ローマの属領であったスペインは、その弱味につけこまれて、さまざまな民族の狙うところとなる。とくにゲルマン民族がイベリア半島にいるローマ軍を蹴散らして征圧するかに見えたが、そこに、ローマを破壊した余勢を駆って、西ゴート族がイベリア半島に殺到し、六世紀（五〇七年）に、半島に西ゴート王国を建設した。その首都こそが、今もその面影をそっくり残しているトレドであったのである。

しかし、この王国も八世紀（七一一年）初頭までしかもたなかった。それは、かねてよりイベリア半島を狙っていたアラブ人が、北アフリカから半島に侵入を開始し、王国を倒したからであった。

イスラム教徒であったアラブ人は、侵入を開始してから五年もしないうちに、イベリア半島の三分の二を制圧してしまった。そして、都をコルドバに置いた。

このイスラム教徒の王国も、その支配権をめぐって、いくつもの王朝の変遷を経ることになったが、やがてイベリア半島の北部に少数残留していたキリスト教徒が、半島の再奪取を目指してレコンキスタ（国土回復戦争）を始めると、半島の雲行きがあやしくなっていった。次第にその軍事力を強めていったキリスト教徒は、南進しては、次々とイスラム教徒を放逐し続け、ついに一〇八五年に、トレド奪回に成功した。

イスラム教徒は、敗走しながらも、なんとかキリスト教徒の侵攻を食い止めようと、必死であった。コルドバを追われたイスラム教徒のムーア人（アフリカ北西部に住んでいたアラブ人）は、グラナダに逃れ、そこに一二三二年、グラナダ王国を建設したのである。

グラナダ王国は一四九二年まで、二百年以上も続いた。その王国の中心がアルハンブラ宮殿であった。

アルハンブラ宮殿は二百余年にわたるムーア人の王国の宮殿であったが、ムーア人がキリスト教徒に敗れたのちも、破壊されることなく、その面影を今日に残している。

宮殿はグラナダ市の東部の小高い丘の上にある。アルハンブラという語は、宮殿の外壁の色が赤みがかっていたため、「赤」を意味するアラビア語が転訛したものである。現存する宮殿は十四世紀に建てられたもので、イスラム宮殿建築の遺構としては非常に貴重なものである。

入ってみて、まず驚ろかされるのは、そのイスラム文様の多彩にして絢爛たるさまである（図39）。いくつかある部屋のどの床も、またどの石柱も大理石で、その腰壁には、スペイン語でアスレホスと呼ばれるさまざまな色の彩釉《さいゆう》タイルが貼りつめられ、そして壁面は化粧漆喰で細工されたアラベスクで、その多彩なイスラム文様を目の前にすると、誰ひとりとして驚嘆の声を挙げずにはいられないであろう。これが、世にいうスタッコ細工である。さらに天井を仰ぎ見ると、そこはまるで鍾乳洞にでも入ったかのような錯覚に陥るほどで、その垂下している装飾を見ていると、心はえも言われぬ夢幻の境地に誘われ、イスラム建築ならでは得られない極美の世界に、訪れる人々は遊ぶこ

図40　同右

図39　アルハンブラ宮殿のイスラム文様

図41　獅子の噴水台

とができる（図40）。

宮殿には、そうした部屋がいくつもあり、それぞれに「コマレスの塔」、「裁きの間」、「二姉妹の間」などという名が付けられている。

それらの部屋を楽しむと、やがて「獅子の中庭」に出る。

この中庭は、細い大理石柱と透彫《すかしぼり》のアーケードに周囲をかこまれ、その中央には、十二頭の獅子に支えられている噴水台がある（図41）。一メートルばかりの高さの水が細く噴き出ている。そして、支えている十二頭の獅子の小さな口からも、勢いは弱いが、水が絶え間なく流れ出ている。砂漠に生きたアラブ人の水への憧れが窺い知られ、それこそオアシスの風情たっぷりの清涼感に、見る人の心はしばし奪われ、立ちすくむしかないであろう。

この宮殿にいたムーア人は、おそらく、この水を見て、生命、清浄、豊饒といった水のもつ象徴性に思いをいたし、また、内的観照のうちに、心は静かに和《なご》み、感傷にひたったことと思われる。

アルハンブラ宮殿のライオン像

しかし、そこにある十二頭のライオンをよく見ると、どう見てもわれわれの頭の中にイメージされているライオンと、あまりにも懸け離れているように思われる。頭部も胴体も丸々としていて、その顔面は青に彩られ、そのため、あの眼光鋭い、獰猛な、見るからに敏捷そうな百獣の王とは、あまりにも違いすぎる（図42）。

あえていえば、日本の神社の社頭などに対になって置かれ、魔除けの働きをしている狛犬《こまいぬ》をもう少し柔らかくしたもののようにも見える。

このアルハンブラ宮殿のライオンは、そうした魔除けのためにあるのではなく、同じくイスラム教国となったエジプトの文化の影響を受けて、ライオン—水のイメージ連想のもと、宮殿に水を湛えるための装飾物として置かれたものであろう。

しかし、このライオン象は異形すぎる。それは、ムーア人が独自に造形したものなのか、それともどこかの国のライオン像を模したものなのであろうか。

ひとつ考えられるのがエジプトである。

ムーア人は、アフリカの北西部に住んでいたが、エジプトには近い。当然、文化の面で、先進国であったエジプトの影響は受けたであろうと思われる。エジプトには、現在でこそ野生のライオンは見られないが、昔は、多くのライオンが生息していた。砂漠にいたのである。そして、ライオン狩りは勇壮なものとされ、先王朝時のパレット（化粧板）には、その光景が多く描かれているそうであるが、第一王朝期（紀元前三一〇〇—二八九〇年）の花崗岩製のライオン像を見ると（図43）、全身が丸く、その頭部も丸々としていて、これこそアルハンブラ宮殿のライオン像の原型と見えなくもない。

いずれにしてもアルハンブラ宮殿の口から水を流しているライオン像は、その清涼感と、イスラム文化の異国情緒のために、見る人の心に深い印象を与えずにはおかない。

図42　アルハンブラ宮殿のライオン

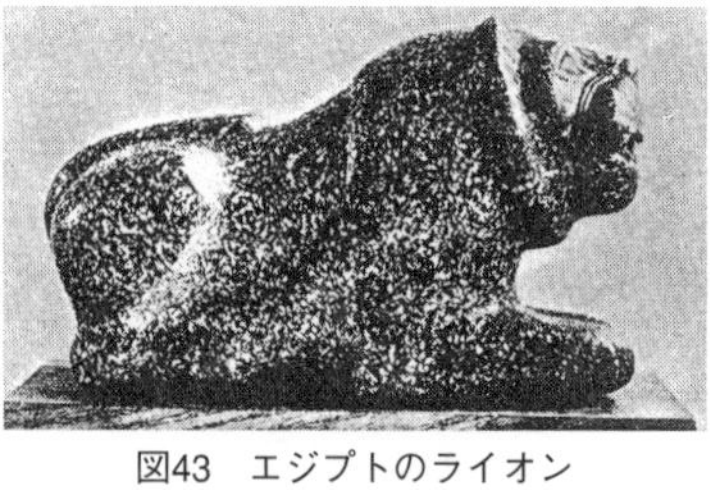

図43　エジプトのライオン
（第一王朝期，花崗岩製）

シリウス星とエジプト暦

ライオンのイメージを書くと決めて、まず最初に、ライオン―水のイメージ連想について、新宿駅頭にあるライオン像をヒントに、書いてきた。そして、エジプトに言及し、十二宮の獅子宮のことにも触れた。獅子宮が空に見えるとナイル川の氾濫が見られることについても述べた。

しかし、ナイル川の氾濫をエジプト人が知る方法は、実はもうひとつあったのである。

エジプト人は、古代、一年を三つの季節に分けていた。第一季はナイル川が氾濫する四カ月で、「アケト」と呼ばれていた。そして、第二季は農耕作業を開始して、穀物の成長を見守る四カ月で、

「プルト」(発芽期)と言われ、そして、第三季は実った作物を収穫した後の乾水期の四カ月で、「シュムウ」と呼ばれていたのである。

すべて農耕文化を中心にしての季節分けであった。いかにもエジプト人らしい分け方で、そこには、現実に密着した知恵が働いていたとも受け取れるが、エジプト人のイメージ連想が決め手になったとも考えられるのではなかろうか。ナイル川の氾濫、農耕、乾水、休耕からのイメージ連想である。

そして、先に言った、ナイル川の氾濫を知るもうひとつの方法であるが、エジプト人は獅子宮以外のもうひとつの星座に注目したのである。

それは、大犬座である。オリオン座の東隣にある星座である。この大犬座が空に見えると、ナイル川が氾濫することにエジプト人は気がついた。

その大犬座の首星はシリウスである。シリウスとは、ギリシア語で「熱い」という意味であるが、シリウスは青白色の恒星で、これが日の出の直前に空に現われると、ナイル川が氾濫することをエジプト人は知ったのである。

このシリウスという恒星も、きっちり三百六十五日たつと、再びその姿を見せたので、エジプト人は、シリウスが初めて空にその姿を現わす頃を新年とし、さらに、それを神格化してソティスという神の名をつけたのである。エジプト暦は、そのためシリウス暦とも言われている。余談と思われるかもしれないが、付け加えておこう。

さて、話を戻さなければならない。

ライオンは百獣の王と言われ、古代からいろいろなイメージでとらえられてきた。そのライオンのイメージで、なんといってもいちばんのイメージは力強さであろう。

ライオン―力のイメージ連想は、今でもある。それは、その雄姿からも実感され、また、その雄《お》叫《たけ》びは、まさに咆哮そのもの。聞くものは身を震わさずにはいられない。

そこで、ライオン―力のイメージ連想をさぐってみることにしよう。

王権とライオン――そのイメージ連想

ふたつの図を見ていただきたい。

いずれもアッシリア帝国のアシュル・ナシルパル二世の獅子狩りの図で、図44が前段階の場面の図で、図45はその後に続く場面であることは、注意深く観察するとよく分かると思う。前段階の場面では、ライオンは三本の矢を射込まれているが、まだ戦闘精神は旺盛のようで、口を大きく開けて、反撃に出ようとしている。ところが、次に続く場面では、そのライオンは、すでに力尽きて、地面にうずくまっている。そして、車上の王は、その一頭を倒すと、息つく暇もなく、後のライオンに向かって、矢を放とうとしている。

図44 『アシュル・ナシルパル2世獅子狩図』(ベルガモン博物館蔵)

図45 『アシュル・ナシルパル2世獅子狩図』(大英博物館蔵)

この図は『アシュル・ナシルパル二世獅子狩図』と言われているもので、雪花石膏製の浮彫で、前図は、今、ベルリン博物館のベルガモン博物館に所蔵され、後図は大英博物館にある。

これらの浮彫は、もともと、アッシリア帝国の都であったカラハ（現在のイラク北部のニムルド）の王宮の壁面を飾っていたものである。この浮彫を見ていると、当時の王とライオンと宗教との関わりがいつの間にかそっと脳裏に浮かんでくる。

王は二輪車の上に立ち、半袖のシャツを身に着け、弓をキリリと引き絞り、顔は王者らしく、ライオンを恐れることなく、その威厳を保ち、自信満々である。勝利を確信している。王の傍には従者がいて、さまざまな飾りを付けた、いかにも王室所有の馬らしい三頭の馬の勒《ろく》を、巧みにあやつっている。そして、矢筒や槍も見えている。後図には、楯を持った二人の従者の姿も見える。

この浮彫は紀元前八百数十年のものである。

ここで、アッシリアについて述べないと、王とライオン狩りと宗教とのイメージ連想は浮かんでこないであろう。

アッシリアの王権とライオン

アッシリアという国名は、聖都アッシュール、または主神アッシュールに由来すると言われている。アッシリア人はセム系の民族で、今のチグリス川の上流、現在のイラク北部の通称「アッシリアの三角地帯」と呼ばれる地域に住んでいた。その地は高台で、海抜五百メートル。チグリス川の水と川が運んでくる沃土とは無縁の地で、下流の湿地帯と違って農耕には適さないところであった。そのため、アッシリアは、最初は、ペルシア湾とシリアとの中間にあって、交易の中心地としてその命脈を保っていた。

アッシリア人が初めて歴史にその姿を現わしたのは、紀元前二六〇〇年頃と言われている。そして、その帝国が亡んだのは紀元前六一二年。実に二〇〇〇年にわたりその歴史を綴ったのである。盛時、その版図《はんと》は、東はペルシア湾、西はシリアを通ってエジプトにまで及んだ一大帝国であった。

アッシリア人が、その間、戦いの相手とした民族は、フリュギア、ウラルトゥ、スキティア、メディア、マンナイ、エラム、バビロニア、と実に多くの民族であった。

アッシリア軍は、次々と征服の軍を進めて、各地であらゆる残虐な行為を行なった。敵の王を捕らえると、生きたままその全身の生皮を剥ぎ、生きたまま壁の中に塗り込め、耳、鼻、四肢を切断して、それらを晒したりした。一般兵士たちをも、あらんかぎり血祭りに上げ、大地を真っ赤に染め、血の海にした。アッシリアの兵士たちは、そのなかを、まるで泥沼を泥をはね上げて進むように、血をはね上げて進んだという。

それは、まさに血の恐怖であり、そのため、アッシリア軍が進んだ後は、奇妙な静けさが支配し、反アッシリアの動きは小指の先ほどもなかったという。

見よ、この民は雌獅子のように身を起こし雄獅子のように立ち上がる。

獲物を食らい、殺したものの血を飲むまで身を横たえることはない。

『旧約聖書』の「民数記」二三・二四の引用であるが、これはそのままアッシリア人の行動に当てはまるのではなかろうか。事実、『聖書』には次のような一節がある。

イスラエルは獅子に追われてちりぢりになった羊。先にはアッシリアの王が食い……（「エレミヤ書」五〇・一七）

ユダヤの民イスラエルはライオンに追われた羊で、そのライオンはアッシリアとなっている。『聖書』にも記されているほど、アッシリアの恐怖は、近隣諸国に鳴り響いていたのである。

アッシリアが、これほどまでにして領土の拡大を謀ったのには理由があった。ひとつは、アッシリアは、初め弱小国家であったため、諸民族の侵入略奪に遭い、それを逃れるには唯一、反撃に出て、逆に侵入するしかなかったからである。そして、次の目的は、歴史の常として、近隣諸国の富を奪うことであった。占拠した都市から奪った財宝は莫大なものであったし、被征服国からの貢《ぐ》税は国をうるおすにはありあまるほどであった。

他の国を征服すれば、国土は安泰し、国はうるおう。それに目をつけない王はいなかったであろう。古代であればなおさらであった。そのため、民族の興亡は数知れず、人間の歴史はイコール戦争の歴史であったのである。

そのとき、軍を率いる王の資質が大いに問われることになったのは当然であろう。祖国の興亡は、かかって王の肩にあったのである。王は強くなければならなかった。王は率先して、血の海の中を進んでいった。王は血を見ることを楽しみ、殺戮を無上の喜びとした。

図にあるアシュル・ナシルパル二世の在位は紀元前八八三年から八五九年までであった。アッシリア帝国が亡んだのが紀元前六一二年。王の在位期間は、まだまだアッシリア帝国の興隆期であった。そのため、王は野望に燃えていたと思われる。強い王であろうとしていたであろう。

アシュル・ナシルパル二世は、ある銘文のなかで次のように称えられている。


アシュル・ナシルパル。崇高なる君主、力強い王、諸々の都市と全ての山々の征服者、悪人を根絶する者、戦闘を恐れない者、権力者、反抗を抹殺する仮借なき者。


まさに強者のイメージである。王たる者に求められる条件は、ただひとつ、強き者であること、このことに尽きた。

アッシリア帝国は、国々が興亡を繰り返した紀元前にあって、二千年もの長い間、その存在を歴史上に記したのである。これは稀有なことであった。おそらく、君臨する力強い王に恵まれたことが、要因のひとつであったと思われる。アシュル・ナシルパル二世も、そうした王のひとりであった。

図に見られる獅子狩りは、王たる者がその資質（＝力）を全領土の民に知らしめるための恰好の手段であった。そのため、獅子狩りは王の務めであった。

百獣の王を倒す王。それは、まさに王のなかの王そのものであった。

しかし、ライオンは野生のライオンではなかったようである。貢物《みつぎ》であったのである。そして、そのライオンたちは囲い、つまり放牧場に放たれていて、ときどき王がそこに入っていって狩りをしたらしい。

獅子狩りの目的は、宗教的な意味もあったようである。

アッシリアでは、その都アッシュールで、昔から新年祭や新王の王権神授祭をはじめとして、さまざまな祭儀が執り行なわれていた。そうした祭りには、当然、供物が奉納された。王が射止めたライオンは、最高の供物であったと思われる。

王の獅子狩りは、王の力の偉大さを誇示するとともに、そういう祭儀との関わりが深かったものと思われる。神への供物には最強のものが最高であったから、百獣の王ライオンは最適であったろう。太古の昔は、その部族の王、つまり最強の人間が生け贄《にえ》として神に供えられた。しかし、古代では、人間の王に代わって百獣の王が奉納された。祭儀にライオンは欠かせないものであった。神を喜ばすためであった。

示された図を見られた読者は、この獅子狩りの後に行なわれた祭儀に、それぞれのイメージをふくらませていただきたい。

日本でも『日本書紀』を読むと分かるように、天皇はそうした狩猟を行なった。応神天皇と履中天皇が淡路島で狩猟をしたと記されている。野山の霊威と接し、その精霊とされる動物を狩ってその霊威を己れのものとし（感染呪術）、王権の永続を願ったのである。

さて、そうしたイメージ連想の手助けになるかもしれないと思い、ひとつ紹介したいものがある。アッシリア帝国の主神がアッシュールであることは述べた。このアッシュールの配偶女神はイシュタルであった。アシュル・ナシルパル二世は、当然、このイシュタルにも自分が狩ったライオンを捧げた。そして、同時に、ライオンの巨像を造って、それも奉納したのである。そのとき、王は、その像に奉納文を刻んだ。それが、今日「イシュタル讃歌」として知られているものである。短いものだが、ここでは半分だけ紹介しておこう。

勝利を得させるかた、望みをとげさせるかた、
真実を愛するかた、祈りを聴きいれるかた、
願いを受けいれるかた、祈願をかなえるかた、
イシュタル、きらめくかた、
完全なかた、いとも高貴なかた、
天地をご照覧になるかた、諸邦全域でその名が呼ばれるかた、

生命を付与するかた、慈愛にみちた女神、
そのねがうことが好意的なかた、カラハの町に住まうかた、
（すなわち）わたしの奥方に（これを奉納します）
アッシュールナシルパル、世界の王、
並ぶもののいない王、四方にひろがる全世界の王、
万人の太陽《シャマシュ》、ベールとニヌルタの目にかなうもの、
アヌとダガンの寵児、
偉大な神々の《武具》、へりくだるもの、
あなたの心にかなう寵児、君主、
あなたの賛同をうるもの、
その祭司としてのつとめがあなたの偉大な神格を
満足させるもの、
あなたが〔その統治の基《もとい》を築〕いてくださったもの。

（後藤光一郎訳）

右の引用で、カラハとはニネベの南にある王の住んでいた都城で、ベールとは「主」を意味するアッカド語、ニヌルタとは戦さの神、そして、アヌとダガンはセム族の神である。
読むと分かるように、前半は、イシュタルへの讃歌であり、後半はアシュル・ナシルパル二世の

自讃歌である。

王は、こうした讃歌を刻んだライオンの巨像を奉納し、戦いの勝利と、アッシリア帝国の揺るぎない繁栄を祈願したのであろう。

ライオンは、古代のイメージ連想において、力─国家繁栄のシンボルであった。王の獅子狩りは、そのための象徴的行為であった。それは、イメージ連想を通して、王に、そして国民に国家安泰を強く印象づけたのである。

こう考えてくると、どうしても、もうひとつの古代の図像が頭に浮かんでくる。

ギルガメシュとライオン像

このアッシリア帝国の領土にコルサバード(古代名はドゥル・シャルルキン)という地名の場所があった。今のイラクの北部の地であり、やはり、古代史の遺跡である。そこから数々のものが十九世紀以来発掘されている。オルトスタット(宮殿壁面の腰羽目の石板。浮彫が刻まれている)や巨大なラマッス像(人面獣身像)が、そのなかでも特に有名である。

そのラマッス像とともに発掘され、今日ルーヴル美術館に陳列されていて、多くの人々の目を引いているのがギルガメシュの巨像である(図46)。紀元前八世紀のものと言われている。図を見ると分かるように、ギルガメシュはライオンを抱いている。そのライオンはいかにも小さく、まるで猫のようである。それだけ、ギルガメシュが巨大な人物であったことが分かる。そして、ライオン

図46　ギルガメシュ像

がおとなしく見える。さしもの百獣の王もギルガメシュにかかっては、猫同然に扱われ、面目丸つぶれである。ギルガメシュの引立て役となっている。

このギルガメシュなる人物であるが、実在した人物ではない。伝説上のウルク（今のイラクの南東部、ユーフラテス川に近いシュメールの都市遺跡）の王である。その伝説は、ニネベ王宮の書庫から出土したアッシリア語版に最も詳しく、二千行の長篇である。

ギルガメシュ伝説の概略は次のとおりである。

ギルガメシュは半神半人で、最初、人々に怖れられた存在であった。悪いことばかりしていたのである。そのため、人々は神に訴えた。神はエンキドゥなる勇者を粘土で造り、ウルクでふたりを戦わせた。しかし、決着がつかず、ふたりは互いの力を認めあい、そのため、ふたりの間に友情が生まれた。そして、ふたりは怪物フワワ（フンババ）征伐に出かけ、これを殺した。ウルクに帰ると、ギルガメシュは女神イシュタルに求愛されるが、それを拒んだ。怒ったイシュタルは、父である天の神アヌに、天の牛をウルクへやって、ウルクを亡ぼすよう説得する。しかし、ふたりは勇敢に戦い、エンキドゥが天の牛を殺してしまった。しかし、エンキドゥもそのため命を落としてしまう。彼の死を知ったギルガメシュは、永遠の生を求めるべく、旅に出る。途中、数々の危難に遭い、大洪水にも巻き込まれる。しかし、それらを乗り越え、やっとの思いで、不死を得たと言われるウトナピシュティムなる神を探しあてたが、彼の不死は神から与えられたものであったので、彼はギルガメシュに、いかにすれば不死の身になれるかは言えなかった。ただ、海底に若返りの植物があると、とだけ教えてくれた。ギルガメシュは、それを手に入れて帰途についたが、途中、泉で体を洗っている間に、蛇にその植物を食べられてしまう。こうして、彼は失意のうちにウルクに帰り着く。

以上であるが、一読して分かるように、後半は神話・伝説によくある不老・不死を求めて旅に出る話である。

古代の人々のイメージ連想は、どうしても、不老・不死にからんでくる。それだけ生きるのが難しかったのである。ギルガメシュが半神半人であったのも、神—不死のイメージ連想が働いたからであった。しかし、結局ギルガメシュは、蛇のためにその不死を逃してしまう。

古代の人々の心の中には、不死を願いつつも、それはしょせん叶わぬことという思いがあったのであろう。死は逃れられないもの、ということを、いつも心のどこかでとらえていたのであろう。ギルガメシュの巨像はライオンを小脇に抱えている。もちろん、これはギルガメシュの力をイメージさせるポーズであるが、叙事詩のなかに、次のような件《くだり》がある。

彼はライオンを狩るために武器を取った。
羊飼たちが夜休めるように、
彼は狼をとらえ、ライオンを打ちとった。
（矢島文夫訳）

彼とはギルガメンシュではなく、盟友エンキドゥであるが、エンキドゥはギルガメシュの分身とも考えられるので、像のように、ギルガメシュがライオンを抱えていても、イメージとしては何ら不思議ではない。

ところで、読者はもうお気づきと思うが、この話にも蛇が出てくる。あのアダムとエバを原罪に落とした蛇である。この話の蛇はギルガメシュから不死の植物を奪って、彼の望みを挫折させている。この部分は次のようになっている。

ギルガメシュは船頭ウルシャナビにむかって言った。
「ウルシャナビよ、この草は〈特別な〉草だ。

人間はこれでもって生命を新しくするのだ。（……）
するとギルガメシュは水が冷たい泉を見た。
彼は水のなかへ降りて行って水浴をした。
蛇が草の香に惹きよせられた。
〔それは水から〕出て来て、草を取った。
もどって来ると抜殻を生み出した。
そこでギルガメシュは坐って泣いた。
彼の頬を伝って涙が流れた。
（矢島文夫訳）

蛇のイメージはいつも悪い。今でもそうだが、それは蛇の姿形《すがたかたち》によるし、その動きのせいもあろう。気味が悪い、というイメージを見る人にいつも与える。悪役をいつも割り当てられる。イメージ連想による好悪はいたしかたがない、とも言えようか。

王たる者の資格

ここで、話を元に戻す。王とライオンのことである。
　もしフィリップが自分で言うようにフランスの本当の王ならば、彼は飢えたライオンの前に

（身を）さらすことで、その主張を証明させよう。もし本当の王なら、ライオンは彼を傷つけぬはずである。または彼に病人治療の奇跡を起こさせよう。本当の王なら治せるはずである。もしできないなら、彼は自分でフランスの国王にはふさわしくないと認めるであろう。

この文は、Ａ・Ｍ・ホカート『王権』（橋本和也訳、人文書院）からの引用である。

ここで、はっきり、王たる者の資格が明示されている。ひとつは、ライオンに負けないこと。もうひとつは、病人を治せることである。名を挙げられているフィリップなる人物は、十四世紀のフランス人で、フランスの王位継承のトラブルに巻き込まれた人である。

十四世紀になっても、王はライオンに勝たなければ、王たる者の資質に欠ける、と言われているのを知ると、紀元前一千年もの昔からのイメージ連想が、いかに長くその余命を保っているかが窺われ、驚くのは筆者のみではあるまい。

イメージ連想は、良いものでも、そうでないものでも、なかなか消せるものではない。このことを、このライオン—王のイメージ連想から教訓として受け取るべきであろう。

次に、病人を治せるかどうかが、王たる者の資格である、ということである。

人間が日々を送るに当たって、願いの基本はふたつである。食べるにこと欠かぬことと、健康であることである。このふたつがあってはじめて、さまざまな社会活動なり、自己活動ができる。

古代、そうしたふたつのものを確保できるかどうかは、王の肩にかかっていた。現在では政治体制の問題であろう。王と政治体制。違いは、個人と集団であるが、統治という点においては違いはないのではなかろうか。王は個人の統治、そして政治体制は集団による統治。しかし、例えば、民主主義体制では主権は個々の国民にある。とすると、問われるのは民度である。つまり、国民のひとりひとりがいかなる考えの下で、いかに生きるかが問われるのである。民主主義は個人の統治の集大成。そう考えると、古代も現代も、先に挙げたふたつの願いの基本は、いつにかかって個人にあるとも言える。

王はその力に衰えが見られると、情け容赦もなく、萎えた男根を切断され、殺された。今日では、政権交代である。

古代社会は文化が低いように思える。しかし、基本構造は、よく考えてみると、たいして違わないようだ。そこで、話を病気のことに戻してみよう。

古代の王の重要な資格は、病気を治せるかどうかであるという。シャーマンをひとつの例として挙げてもいいであろう。自らの心を極度の緊張状態に導いて、忘我の域に達し、それにより精霊や死者の霊との交感を得、一種の神秘的な力を身につける。そして、その力によって託宣や予言をするとともに、病気を治すことができたという。

次の一文を見てほしい。

イエスはエルサレムへ上る途中、サマリアとガリラヤの間を通られた。ある村に入ると、らい病を患っている十人の人が出迎え、遠くの方に立ち止まったまま、声を張り上げて、「イエスさま、先生、どうか、わたしたちを憐れんでください」と言った。イエスはらい病を患っている人たちを見て、「祭司たちのところへ行って、体を見せなさい」と言われた。彼らは、そこへ行く途中で清くされた。（「ルカによる福音書」一七・一一—一四）

病人たちは祭司たちのところへ行く前に、その病気を癒された。それは、イエスの言葉によってであった。

夕方になると、人々は悪霊に取りつかれた者を大勢連れて来た。イエスは言葉で悪霊を追い出し、病人を皆いやされた。（「マタイによる福音書」八・一六）

ここでもイエスは言葉によって病気を治している。それは、呪文によって病気を治すシャーマンそっくりである。つまり、イエスの姿には古代の王のイメージが重なるのである。

イエスは治癒神。古代の王の姿がイメージ連想によって甦ってくるのである。

King's Evil という英語がある。直訳すると、「王の病い」であるが、意味は「瘰癧《るいれき》」、頸部のリンパ節が腫れる結核性の病気である。なぜ king's evil と言うかというと、古来、王がその手で触れると治る、と信じられていたからである。

王の資格のひとつである病気を治すこと、のイメージを端的に表わしている英語なのである。シェイクスピアの『マクベス』のなかから紹介してみよう。

「王の病」と呼ばれる。瘰癧のことだ。
イングランドの王がなされる奇蹟だな。
私もここにきてから何度も目にした。いかにして天の心を動かすのか。
われわれには知るよしもない。だが不可思議な病にかかり、
からだじゅう腫れあがり、膿《う》みただれ、
医者もさじを投げた見るも痛ましい病人を、
王はその首に、一枚の金貨を掛けてやり、
聖なる祈りをされる。それだけでなおすのだ。話によると、
王はこのありがたい治癒の力を
そのご子孫に伝えられるという。（……）
（小田島雄志訳）

イギリスの王に治癒力がある、と信じられていたのは、十一世紀の記録にも残っているという。シェイクスピアは、それを知っていて『マクベス』の一幕を書いたのであった。
そうした思いがいつ頃まで人々の間に残っていたのかは、諸説があるようだが、王なる統治者の

力がいかにあるべきなのかがよく分かって面白い。

現代医療においても、病気治療の質は、その社会体制に左右される。アフリカのエイズの蔓延を見れば、そのことは誰の目にも明らかである。現代は、王に代わって、その政治体制が人々の物心両面を統治している。しかし、イメージ連想でとらえると、さしたる隔たりはなさそうだ、と言えば、謬見と思われそうで、いささか心が臆するが……。

いずれにしても、これまで述べてきたことを要約すると、王たる者は、その資格を満たすには、ふたつの条件がある、ということである。ライオンを倒すことと、病気を治すことである。

しかし、ここでいうライオンと病気とは、言い換えれば、力と悪である。ライオンを倒すことは力強さのイメージであり、病気を治すことは悪を制するイメージである。

イメージ連想は隠喩である。

ホメロスの『オデュッセイア』に次のような叙述がある。

……黒の大地は大麦やら
小麦やらをみのらせ、樹々はまた果実《このみ》をたわわに着ける、
家畜も常住《じょうじゅう》仔を産んでゆき、海も魚介をいつもさし出す、
それも政事のよろしいためとて、もとなる庶民も栄えてゆくもの。
（第十九書。呉茂一訳）

大地に穀物が実り、家畜が多くの子を産み、海産物も豊富に取れる。これらはすべて、政治が良いためで、一般庶民の喜びはこれ以上ないものとなる。それは、神を畏れて、正義を守り、潔癖に身を処している王の支配下にあるからである。

ホメロスの叙述は政治の王道を言っている。そこには、悪を制する力強き王の姿が見え隠れしている。

王の資格として、ライオンをとらえ、病いを癒すイメージが古代からあるということは、要するに、今言った政治の王道を暗に言っているものと解すべきであろう。ただ、それをイメージに訴えているだけなのである。それによって具体的になり、より強く訴える力をもつことが、お分かりいただけたことと思う。

ライオンと王権のことについて述べてきた。イメージによってふたつのものが結びつくことにも触れた。

そうした王権―ライオンのイメージ連想の例は他にもいくらでもあるが、最後にひとつだけ取り上げるとすると、どうしてもヨーロッパの紋章となるのではなかろうか。

ライオンとヨーロッパの紋章

紋章はまさにイメージの世界そのものである。図形で示すわけだから、言葉によらない以上、ずばりインパクトの強いものをどうしてもその図形に取り入れざるをえない。

紋章は家のしるしとして用いられる図形であることは言うまでもない。しかし、ここでは王権に関わることなので、紋章といっても王室のそれになるのは当然である。それもヨーロッパの王室となる。

今でもヨーロッパにはいくつもの王室がある。しかし、歴史的に見ても、また今のメディアから見ても、最も注目を引くのはイギリス王室と言っていいであろう。そこで、イギリス王室の紋章を取り上げる。

ただ、イギリス王室の紋章については、好著が日本でももう何冊も出版されているので、今さらここで取り上げてもしかたがないであろう。そこで、イギリス王室の紋章について述べるといっても、寸描にならざるを得ない。

紋章が一般に好まれて用いられるようになったのは、十二世紀の頃と言われている。十一世紀末から始まった十字軍遠征と深く関わるとも言われている。遠征中に各国の、また各領主の識別のしるしとして用いられたのである。

それは、派遣する軍のしるしとなるから、当然、強い力を象徴するものが選ばれることになる。とすると、陸ではライオン、空では鷲となるのは必然。軍の兵士たちの持つ楯に、そして兜にそれらが紋章として描かれことになった。

イギリスのカンタベリー大聖堂に入ると、人目を引くひとつの棺があることに気がつく。「黒太子」と通称されている王子の棺である（図47）。人目を引くのは、その棺の上に全身の鎧姿が見ら

図47　「黒太子」の棺

れるからである。「黒太子」（一三三〇—七六年）はエドワード三世の王子で、有名な百年戦争で活躍した王子である。着用していた鎧が黒い色であったからそう呼ばれた、と言われている。しかし、これは俗説であるとする人もいる。

それはともかく、棺の上の鎧姿に目をやると、まず注目されるのは、枕になっているものと、足を乗せているものとが、いずれもライオンであることであろう（この図からは分かりにくいかもしれないが）。守護神であると直感される。守り神であれば、力強きものがいちばんいいに決まっている。ライオンであるのは当然であろう。

イギリスには、もちろん、ライオンは生息していない。しかし、ライオンの力強さは、イギリスでも、古代から風聞としてあったものと思われる。

この「黒太子」の棺に目をやると、その側面に六つの楯が彫られていることにすぐ気がつく。見ると、その楯は二種類であることが分かる。

ひとつは、三枚のダチョウの羽の楯である。ダチョウの羽は「威厳」のシンボルであると言われている。ダチョウの悠揚迫らぬ態度から来たものであろう。三枚あるのは、プリンス・オブ・ウェールズ（英国皇太子）を表わすものとされている。そして、この紋章は前述のエドワード三世の后であるフィリパが採り入れたもの、とも言われている。「黒太子」はその長男。そのため、その棺にこの紋章があるのであろう。

そして、この図には見られないが、ダチョウの羽の紋章には、通常、**Ich diere**（私は仕えます）というドイツ語が添えられていたようである。

問題は、もうひとつの楯である。ライオンと百合の図形が見られる。これらは、棺の上に乗っている鎧の胴体と胸部にも見られる。

百合の紋章（**fleur-de-lis**《フラダリ》）は、一一四七年以来のフランス王室の紋章であったが、フランスの王位継承をめぐって戦われた百年戦争（一三三七―一四五三年）で、イギリスとフランスの間でいく度《たび》か戦いが行なわれ、一時、イギリスがフランスの領土の一部を占有したとき、エドワード三世が、一三四〇年に、自分はフランスの王でもあると宣言して、この紋章をイギリスの紋章に加えたのである。

なお余談であるが、この百合の紋章を見ると分かるように、上のとがった部分は男根を表わし、下の部分は女陰を表わすとも言われている。単なるイメージ連想にすぎないが、日本酒の「剣菱」の商標についても、同じことが言われているが、お遊びとして見れば、そう見えないこともない。イメージ連想の面白さであろう。

次にライオンの図形。よく見ると、そのライオンの姿は、右前足を上げて歩いていて、頭をこっちに向けている。こうした姿形のライオン図は、実は、lion《ライアン》 passant《パッサント》 guardant《グァーダント》（警戒して歩行するライオン）と言う。

イギリスの騎士たちも十字軍に参加した。そのとき、まだ中東地方には、ライオンは生息していた。おそらく騎士たちは、その勇姿を見て深い印象を受け、王者のイメージを心にしっかり刻み込んだのであろう。

そのためもあってか、ヘンリー二世（一一五四―八九年）はその紋章に、左の片脚で立っているライオンの姿（rampant《ランパント》）を印したという。そして、その息子のリチャード一世が、そのライオンを二頭にして紋章とし、その後一一九八年にはライオンを黄金色にし、しかも三頭にして、顔をこっちに向けるようにしたと言われている。そのとき以来、王室の紋章は三頭の「ライアン・パッサント・グァーダント」になり、しかも、その地色は赤になったのである。

一三四〇年にエドワード三世がイギリスの紋章に加えた「フラ・ダ・リ」は、十五世紀にイギリスがそのフランス内の領地を失った後も、紋章として残ったが、それも一八〇一年までであった。

いずれにしても、紋章が領土と関わりがあることがこれによって分かり、面白い。

以上で「黒太子」の棺にある紋章の説明は終わりとする。ここではっきりしたイメージ連想は王権―ライオンのイメージ連想である。

しかし、一六〇三年にイギリス王室の紋章に変化が起こった。それはスコットランドの王であったジェイムズ六世が、一六〇三年にイングランドの王をも兼ねてジェイムズ一世となると、スコットランドの紋章である左片脚立ちのライオン（ライアン・ランパント）を加え、さらに、アイルランドのハープをも加えたからである。その紋章が図48である。この紋章は一六八八年まで英国王室の紋章であった。

現在の英国王室の紋章は図49に見られるとおりである。ジェイムズ一世が制定した紋章と違う点は、フランスのフラ・ダ・リが大きく後退している点である。紋章を取り囲むように書かれているフランス語は **Honi soit qui mal y pense**（思い邪《よこしま》なる者に災あれ）という有名な諺である。この紋章が制定されたのは一八三七年で、もちろん、前述の図48の紋章からこの紋章に至る過程においては、いく度もの変革があった。しかし、それは本書とそれほど関わりがないので割愛することにする。

イギリス人の紋章好きは有名で、イギリスを旅すると、よく目にするが、ここに、その代表というわけではないが、ひとつだけ披露してみたい。ポーツマスの州裁判所の建物である。

図50を見れば分かるとおり、建物そのものはごくあっさりした簡潔なものである。しかし、その建物に唯一彩りを添えているのが、正面入口を飾っている紋章図形なのである。

図51を見ると、その図形の中央には、英国王室の紋章があり、それを支えるように、向かって左

図49　現在の英国王室の紋章

図48　1688年までの英国王室の紋章

図50　ポーツマスの州裁判所

図51　その正面にある英国王室の紋章

に王冠をかぶったライオンが、そして、右には一角獣が見えている。いちばん下にはフランス語DIEU ET MON DROIT（神と我が権利）が見え、いかにも裁判所らしい。

これに類した紋章はいたるところにあり、イギリス人にとってライオンは全く身近な存在である、と言えよう。

ライオンがいち度も生息していたことのないイギリスにあって、このように、日常、ライオンの姿にイギリス人が接しているのは、イメージ連想のおかげなのである。

イメージ連想の力

今日、「ことの不思議」は、学問研究の進歩とともに、「不思議」ではなくなってきている。古代の人々は、太陽が西の地平線下に沈むのを見て、太陽が死の世界に入ると見た。そして、「夜の航行」を経て、翌朝、東の地平線上にその姿を現わすのを見て、再生をイメージした。太陽の死―再生のイメージ連想を、自分の身に照らして、安心立命したのである。

科学の進歩した今日、太陽の空での運行をそのように捉える人はいないであろう。小学生でも、それを地球の公転と自転との観点から見、科学的に客観的に納得するであろう。そのため、古代の人々が心の中に描いたイメージは、荒唐無稽なものとして一笑に付せられるのが落ちであるかもしれない。

実証的で整合的であることが求められる今日、男根に豊饒をイメージし、ライオンに水の氾濫をイメージすることは、全くのナンセンスであると言われかねない。
太陽が西の地平線下に沈むことを、日本人は「日没」と言う。「没」は「歿」の通用字で、意味は「死ぬこと」である。しかし、例えば陽が沈むとき、「夕焼け小焼けの赤とんぼ、負われて見たのはいつの日か」という歌を思い出してほしい。イメージが一変するのではなかろうか。地球の公転・自転という科学的な視点はしばしば頭から消えて、太陽の残照と同じように、イメージの微かな余韻、味わいとでも言うべきものが感じられるのではないか。

今日、われわれは、十九世紀が予感すらできなかったあることを理解しつつあるのです。つまり、シンボル、神話、イメージが精神生活に必須な資であること、われわれはそれらを偽装し、ずたずたに切断し、その価値を下落させることはできても、根絶やしにすることはけっしてできない。(『イメージとシンボル』前田耕作訳、せりか書房)

ミルチャ・エリアーデの言葉である。

おわりに

人がこの世にあるかぎり、さまざまなイメージ連想と無関係であることはできない。生きてゆくことは、関わりのなかにあって生きることだが、何ものかと関わると、人の心は必ず動くからである。イメージ連想が働くのである。

そうした関わりには、いったいどのようなものがあるのであろうか。

ざっと数えてみただけでも、対人間、対空間、対職場、対地域社会、対国家、対世界、対宇宙、対時間、対自己、対価値（公・私の）、対意識・無意識、対架空（未来も含む）、対過去などがあるが、もちろん、挙げればこの他にもいくつもあるであろう。

人はそうした多くの関わりのなかにあって、さまざまなイメージを抱きつつ生きてゆかなくてはならない。そうなると、生きてこの世にあることは、たいへんなことだと言えるかもしれない。真摯に自己の内なるものを見つめることは、地獄を見ることになりかねない、とも言える。「死ぬ理由もないけれども、生きている理由もない」と書き残して自裁した女子高校生がいたが、この人の心の中を覗き、憶測したり、分析したりして、したり顔をする人がもしいるとしたら、それは驕慢の極み、と言うべきであろう。

このような関わりは複雑に絡み合い、いかなる手立てをもってしても解き難いものになる場合もある。客観視を峻拒するときもあるのである。

本書で述べてきたイメージ連想は、筆者なりに読み解けたものを記したに過ぎない。おそらく、この世に現われたイメージ連想のなかには、今日ではもはや理解が届かなくなったものがあるかもしれない。そして、将来、今に生きるわれわれには想像を絶するようなイメージ連想が生まれることもあるであろう。

しかし、考えてみると、われわれがいちばん心すべきことは、われわれがいま置かれている情況に対して、どのようなイメージ連想を働かせ、それをもとにどう対応すべきかであろう。

『ダンサー・イン・ザ・ダーク』というアメリカ映画を見た。訳すと、「暗闇のなかで踊る人」となる。この映画は、いわゆる社会派映画とも言うべきもので、「暗闇のなかで踊る人」とはアメリカ人総体を言っている。なぜアメリカ人は「暗闇」のなかで踊っているのか。アメリカ社会の根深い病巣を、この映画は象徴的に描いている。移民問題、イデオロギー問題、医療、裁判、貧富の差、金銭万能の価値観、その他いろいろの問題を、それこそくどいほどイメージを通して訴えている。イメージのもつ力を存分に発揮する映画というメディアを通しての訴えかけだけに、観る人に与えるインパクトは強かった。

この映画の中心テーマは、女主人公がやがては盲目になってしまうという遺伝体質を持っていることである。この女性の子供もその体質を受け継いだ。手術をすれば治るというので、女性は金を貯めていたが、その金が盗まれたのである。取り返そうとして、はずみで盗んだ男をピストルで撃ってしまった。結局、女性は死刑に処せられてしまうのである。

ここにひとつのイメージ連想がある。盲目というイメージに発するものである。映画製作者はそのイメージ連想を強力な武器として、全アメリカ人に、「アメリカは病んでいますよ。それも建国以来そうなんですよ」と訴えているのである。

盲目になる遺伝体質。それは、アメリカという国は建国以来、つまり生まれながらにして暗い社会、真っ暗闇な社会になってしまう宿命を負っているということの隠喩なのである。

どういうことであろう。

それは、昭和二十年代、三十年代に日本人も見て喝采してやまなかったあの西部劇に象徴的に現われている。西部劇はアメリカン・ドリームの、そしてフロンティア・スピリットの象徴でもあった。幌馬車を列ねて、西部へ西部へと突き進む白人たちは、襲いかかってくる先住民族のインディアンに銃弾を浴びせて血祭りに上げ、次々と沃土を収奪しては富を積んでいった。

力こそ正義。アメリカ建国はこうした考えの上でのものであった。言葉が悪くてあまり使いたくないのだが、優勝劣敗、つまり、社会的「勝者」になるのも「敗者」になるのも、その人個人が力ある者になるかならないかによる、というのである。

アメリカ社会が科学技術でどんなに世界に冠たる国であっても、その恩恵に浴することができるのは社会的勝者のみ。医療の現状を見れば瞭然であろう。アメリカはまさに「自己責任」の国なのである。自分が劣っていれば、死刑が待っているのみなのである。

イメージ連想はそうした社会のそれこそ「暗闇」を、これでもかとばかりに訴えかけるための強力な武器となっている。

この映画を見た人のなかには、日本という国をこの映画にあるアメリカとダブらせた人もいたのではなかろうか。

そのことはともかく、そうした問題は、言葉で語るより、イメージに訴えた方が、より鮮明に浮かび上がる。イメージの持つ強さであろう。

しかし、ここで考えなければならないことがある。

それは、人心を収覧するためにイメージの力が悪用されることがある、ということである。イメージ操作が、知らぬ間にそっと行なわれていることがあるのである。

今、日本では、「口舌《くぜつ》の徒」としか言いようのない人たちの人気が高い。たしかに、言いたくても何ひとつ言えない「無告《むこく》の民」にとっては、内容のない弁舌でも、それが歯切れよく、小気味よかったりすると、耳に心地よく聞こえることもあるかもしれない。イメージがいいからである。また、「おもろいやないか」というイメージのもとに、タレントに多くの票が投じられることもありうる。

イメージ連想にも落とし穴があるのである。表面的なイメージのよさには、一歩引いて構える必要があるであろう。人がこの世にあるかぎり、イメージ連想は切り離せない。願わくば、よきイメージ連想にのみ身を任せたいものである。

＊

本書は、筆者が大学に在職していた頃に学生向けに書いた多くの小文のなかから、興味をもっていただけそうなものを集めて、大幅な加筆をしたものである。

また、本書の内容には、拙著『イメージの博物館』と『シンボルの誕生』（ともに大修館書店刊）の内容とほんの一部ではあるが、重複するところがあることをお断りしておく。

この書をまとめるにあたり、当然のことながら、多くの人々にお世話になった。富坂キリスト教センターの石井智恵美さん、キリスト教会の何人もの神父さんや牧師さん、東京都水道歴史館の芳田正さんとそのスタッフの方々、また、横浜水道記念館のスタッフの方々。その他にも、電話でお話をうかがった聖書学を専攻されている人々も何人かいました。厚く御礼申し上げます。

そして、最後に、新曜社営業部の中山修一さん、また編集部の渦岡謙一さんにはいろいろとアドバイスをいただき、とてもお世話になりました。感謝にたえません。ありがとうございました。

二〇〇一年八月十六日

山下主一郎

参考文献

第一章

リチャード・プラット『海賊』朝比奈一郎訳、同朋舎出版、一九九五年
J.C. Cooper, *An Illustrated Encyclopaedia of Traditional Symbols*, Thames and Hudson,1978
マイケル・グラントほか『ギリシア・ローマ神話事典』西田実ほか訳、大修館書店、一九八八年
アポロドーロス『ギリシア神話』高津春繁訳、岩波文庫、一九五三年
『聖書』(新共同訳) 日本聖書協会、一九八七年
アト・ド・フリース『イメージ・シンボル事典』山下主一郎ほか訳、大修館書店、一九八四年
ホメーロス『イーリアス』全三冊、呉茂一訳、岩波文庫、一九五八年
ヴェロニカ・イオンズ『エジプト神話』酒井傳六訳、青土社、一九八八年
吉村作治『古代エジプトの秘教魔術』大陸書房、一九八八年
『日本書紀』新潮日本古典集成、新潮社、一九七九年
エーリッヒ・ノイマン『意識の起源史』上・下、林道義訳、紀伊國屋書店、一九八五年
井本英一『死と再生』人文書院、一九八二年
ミルチャ・エリアーデ『生と再生』堀一郎訳、東京大学出版会、一九七一年
J・G・フレイザー『金枝篇』全五巻、永橋卓介訳、岩波文庫、一九五一年
A・J・スペンサー『死の考古学』酒井傳六ほか訳、法政大学出版局、一九八四年

L.W. Cowie and J.S. Gummer, *The Christian Calendar*, G & C Merriam Company, 1974
吉岡安之『暦の雑学事典』日本実業出版社、一九九九年
マルセル・モースほか『供犠』小関藤一郎訳、法政大学出版局、一九八三年
伊藤堅吉ほか『道祖神のふるさと』大和書房、一九八七年
S・G・F・ブランドンほか『神の観念史』清水哲郎ほか訳、平凡社、一九八七年
吉田敦彦『天地創造神話の謎』大和書房、一九八五年
関根清三『旧約における超越と象徴』東京大学出版会、一九九四年
村上陽一郎『ペスト大流行』岩波新書、一九八三年
梅津忠雄『ホルバイン　死の舞踏』岩崎美術社、一九九一年
小池寿子『死者たちの回廊』福武書店、一九九〇年
木間瀬精三『死の舞踏』中公新書、一九八一年
ヘロドトス『歴史』全三巻、松平千秋訳、岩波文庫、一九七二年

第二章

S・フィナテリ神父『イエズス・キリストの真相』集英社、一九八四年
田川建三『イエスという男』三一書房、一九八〇年
エルンスト・ベンツ『キリスト教その本質とあらわれ』南原和子訳、平凡社、一九九七年
『聖書』前掲書
Oxford, *Greek*, Oxford University Press, 1997
ヨアヒム・カール『キリスト教の悲惨』高尾利数訳、法政大学出版局、一九七九年
マンフレート・ルルカー『聖書象徴事典』池田紘一訳、人文書院、一九八八年

ウォーリス・バッジ『古代エジプトの魔術』石上玄一郎ほか訳、平河出版社、一九八二年
『マヌの法典』田辺繁子訳、岩波文庫、一九五三年
『四つのギリシャ神話——『ホメロース讃歌』より』逸見喜一郎ほか訳、岩波文庫、一九八五年
Harper's Bible Dictionary, Harper & Row, 1985

第三章

ヘロドトス『歴史』前掲書
S・H・フック『オリエント神話と聖書』吉田泰訳、山本書店、一九六七年
H・フランクフォートほか『古代オリエントの神話と思想』山室静ほか訳、社会思想社、一九七八年
杉勇ほか編『古代オリエント集』筑摩世界文学大系、杉勇ほか訳、筑摩書房、一九七八年
H・W・ジャンソン『美術の歴史』木村重信ほか訳、創元社、一九八〇年
『東京市改良水道工事誌』東京都水道歴史館所蔵
山下主一郎『シンボルの誕生』大修館書店、一九八七年
小川英雄『古代のオリエント』講談社、一九八四年
立石博高ほか『スペインの歴史』昭和堂、一九九八年
La Alhambra de Granada (English), Everst-Leon, 1973
Larousse Encyclopoedia of Ancient & Medieval History, Paul Hamlyn London, 1963
Animal in Ancient Art From the Leo Mildenberg Collection, The Cleveland Museum of Art, 1981
『日本書紀』前掲書
A・M・ホカート『王権』橋本和也訳、人文書院、一九八六年
W・シェイクスピア『マクベス』小田島雄志訳、白水社、一九七七年

ホメーロス『オデュッセイアー』呉茂一訳、岩波文庫、一九七一年
Heraldic Sculpture, The Boydell Press, 1972

著者紹介

山下主一郎（やましたかずいちろう）

1926年（大正15年）東京都生まれ。

1950年，東京大学文学部英文学科卒業。

1969年から1996年まで，中央大学教授。

現在，中央大学名誉教授。

主な著書：『イメージの博物館』，『シンボルの誕生』（ともに大修館書店）。

主な訳書：A. ド・フリース『イメージ・シンボル事典』，B. ウォーカー『神話・伝承事典』，J. キャンベル『神話のイメージ』，M. ルルカー『エジプト神話シンボル事典』，R. ヒューズ『西欧絵画に見る天国と地獄』（ともに大修館書店）。

新曜社 イメージ連想の文化誌
髑髏・男根・キリスト・ライオン

初版第1刷発行　2001年9月20日©

著　者　山下主一郎
発行者　堀江　洪
発行所　株式会社 新曜社
〒101-0051 東京都千代田区神田神保町2-10
電　話(03)3264-4973(代)・FAX 3239-2958
URL http://www.shin-yo-sha.co.jp/

印刷　光明社　　Printed in Japan
製本　光明社
ISBN4-7885-0774-9 C1039